Inhalt

Das ist krass!

Vorwort

Stark!

Hallo und herzlich willkommen zu deinem Volxbibel-Glaubensführerschein-Kurs!!!

Die Volxbibel geht zurzeit echt ab, viele Leute lesen da drin und reden drüber. Nun, vielleicht hat das Ding ja nicht nur irgendein Mensch angezettelt, sondern Gott stand höchstpersönlich dahinter?

Die Antwort auf diese Frage ist für uns natürlich ganz klar: Es ist auf jeden Fall seine Idee. Er will, dass möglichst viele Menschen sich die Geschichte von seinem Sohn reinziehen und Jesus kennenlernen!

Die Volxbibel sollte vor allem dazu da sein, Leute neugierig auf Jesus zu machen. Jesus ist der Mann, der die Hauptrolle in diesem Film spielt, er ist der ultimative Oscargewinner, der große Star! Wir glauben tatsächlich, dass es nichts Krasseres gibt, als mit ihm zu leben!

Mit diesem Heft, das du jetzt in der Hand hältst, haben wir vor, dir in der nächsten Zeit sozusagen das Autofahren im Leben mit Jesus beizupulen. Wie du die Karre startest, den richtigen Gang einlegst, nicht aus der Kurve fliegst und was du sonst so beachten musst, damit du auch am Ziel ankommst.

Ist ja schon seltsam, für alles braucht man heute einen Schein, fürs Moped, fürs Angeln, sogar zum Reisen, und auch, wenn du einen Job haben willst. Nur im Leben mit Jesus, im Glauben, beim Christsein, soll man das sozusagen von ganz alleine können.

Als Jesus live und in Farbe hier auf der Erde war, hat er sich so ein paar Schüler genommen. Diese Schüler hießen „Jünger", und sie nannten Jesus „Lehrer" oder „Rabbi", was aufs Gleiche rauskommt. Diese Leute waren dann immer bei ihm. Er hat ihnen beigebracht, wie man mit Gott lebt, wie man für Kranke betet, wie man überhaupt betet und so. Schnell wurden dann aus diesen Schülern Freunde. Das ist echt normal, wenn man mit Jesus länger unterwegs ist.

Es ist vermutlich eine coole Sache, diesen Volxbibelkurs mit Freunden zu machen, also am besten in irgendeiner Gemeinde, wo auch andere Christen rumhängen, die locker drauf sind und vor allem Jesus lieben. Aber wenn du das nicht hast, kannst du ihn einfach so ganz alleine durchziehen.

Wenn du Bock hast, könnten wir dir natürlich auch dabei helfen. Am besten schreibst du uns dann eine E-Mail an *kurs@volxbibel.de*. Wir beantworten jede Mail, es gibt auch keine dummen Fragen, versprochen!

In unserem Text sind dann immer wieder Bibelstellen in so extra Kästchen geschrieben:

Matthäus 16,13-17

Die solltest du dir unbedingt auch reinziehen, damit du nicht nur hörst, was hier so dazu gesagt wird, sondern auch selber liest, was da genau in der Bibel steht. Jeder Vers in der Bibel hat nämlich eine genaue Bezeichnung, damit man ihn mit anderen Bibelübersetzungen vergleichen kann. Also, wenn du keine Volxbibel zur Hand hast, kannst du auch gerne eine andere Bibel nehmen und wirst den Vers auch da finden, nur eben eine andere Übersetzung. So ist das.
Was diese Namen und Zahlen genau bedeuten und wie du die Bibelstellen dann finden kannst, dass wird auf den Seiten 68/69 am Ende vom Kurs genauestens verklickert.

So, dann viel Spaß, denn jetzt geht's ab …

Dein Martin Dreyer und

Bernd „Bento"

Jesus

a) Was ist das für ein Typ?

Gute Frage …

Es gibt wohl kaum jemanden auf diesem Planeten, der noch nie was von Jesus gehört hat, aber die **Meinungen** über ihn könnten kaum unterschiedlicher sein. Einige davon werden wir mal unter die Lupe nehmen.

Matthäus 16,13-17

Die Krasseste ist: **„Es hat ihn nie gegeben!"**

Cool, die berühmteste Person aller Zeiten ist ein Phantom? Spaß muss sein, aber ist ja nicht ganz logisch …

Das Argument kommt wohl aus der Ecke „Echt nicht weit gedacht …", und man kann es getrost in die Tonne drücken:

1. Jesus ist die am besten bezeugte Person seiner Zeit;
2. von kaum jemandem gibt es gleich vier genaue Lebensberichte;
3. für jemanden, den es „nie gab", hat er 'ne ganze Menge in Bewegung gesetzt:

Milliarden von Fans in zwei Jahrtausenden, die auf ihn abfahren, Kirchen, Klöster, Krankenhäuser und so weiter bauen und als Missionare, Lehrer, Ärzte oder sonst was in den letzten Dschungel vordringen, die heißesten Wüsten durchqueren und auf die höchsten Berge klettern – die sollen also alle durchgeknallte Spinner sein??

Damit sind wir schon bei der zweiten Möglichkeit: **„Er war ein religiöser Spinner."**

Nun, die Ideen und Vorstellungen von „Spinnern" halten sich nie lange, sie werden meistens:

1. von niemandem ernst genommen oder
2. schnell widerlegt oder
3. sind schneller wieder vergessen, als sie aufgetaucht sind.

Das kann man von Jesus und seiner Message wirklich nicht behaupten, ist also auch kein starkes Argument …

Wie wär's dann mit der These: **„Er war größenwahnsinnig"** oder **„ein Hochstapler"???**

Das haben auch schon einige gedacht, die ihm damals begegnet sind. Sie haben sich tierisch aufgeregt, dass er sagte, er sei ein König, Gott sei sein Vater und er gehe jetzt zu ihm …

Matthäus 26,63-68/Matthäus 27,11-14

Klar, die Irrenhäuser sind voll von Typen, die denken, sie wären Gott, Hitler oder Albert Einstein, und ganz viele halten sich auch für Jesus. Aber:

1. Sie sind immer die Einzigen, die das von sich denken.
2. Hochstapler und Größenwahnsinnige fliegen irgendwann auf.
3. Sie haben keine Beweise für ihre großen Sprüche.

Bei Jesus war das anders. Wenn er etwas von sich behauptete, dann stimmte das auch. Niemand konnte ihm jemals eine Lüge nachweisen oder ihn widerlegen, und er hat Zeichen und Wunder getan, die haben bewiesen, dass er was ganz Besonderes ist – Gott steht auf seiner Seite!

Johannes 3,2

Mit anderen Worten: Wenn jemand sagt, er sei Bäcker, dann wollen wir auch Brötchen sehen – oder?!

Es gibt aber auch 'ne Menge Ansichten, da ist es nicht so leicht, gleich zu sehen, ob sie stimmen oder nicht:

- **Jesus war ein Normalo** wie du und ich, nur seine Fans haben ihn hinterher „in den Himmel gehoben" …
- **Er war ein besonders guter Mensch,** und wenn wir uns Mühe geben, können wir auch so werden wie er …
- **Er war ein Heiliger und Prophet,** und davon gibt es ja 'ne ganze Menge …

Also, wenn wir uns ein Bild von jemandem machen wollen, den wir selber noch nicht kennen, dann fragen wir normal die, die ihn persönlich gut kennen – oder?!

Wenn wir zum Beispiel wissen wollen, was der Stürmer vom FC für'n Typ ist oder die neue Sängerin von XY für 'ne Tusse, dann können wir uns ein Interview reinziehen, oder wir fragen die Familie oder Freunde (die wissen's wohl am besten!). Von berühmten Leuten, die was Besonderes gemacht haben, gibt's meistens auch einen Lebensbericht (Biografie).

Genauso ist das auch bei Jesus – jetzt nicht mit 'nem Video oder so was (die gibt es zwar inzwischen auch, aber man sollte sich nicht auf alles verlassen, was da so erzählt wird), sondern er hat dafür gesorgt, dass vier von seinen besten Freunden einen genauen Bericht von seinem Leben schreiben, wo und wie er gelebt hat, was er gesagt und getan hat und so weiter, und das können wir bis heute in den ersten vier Storys der Volxbibel nachlesen (die Dinger werden auch „Evangelium" genannt, und das bedeutet: „gute Nachricht"). Und da haben seine Freunde Folgendes berichtet (dahinter immer die Stellen in der Bibel zum Nachlesen):

1. **Josef ist nicht der echte Vater von Jesus, sondern Gott selber** – (seine Mutter Maria war noch Jungfrau, als sie mit Jesus schwanger war!)

Matthäus 1,18-25/Markus 1,26-28

2. **Jesus hatte schon als Jugendlicher so viel Durchblick, dass er schlauer war als alle anderen.** –

Lukas 2,40-52

3. **Als er erwachsen war, hat er mit Gottes Kraft und guter Bibelkenntnis zuerst den Satan in die Flucht geschlagen** –

Matthäus 4,1-11/Lukas 4,1-13

und dann im ganzen Land von Gott, seinem Vater, erzählt und allen Menschen geholfen und Gutes getan. –

Matthäus 4,23-25/Markus 1,32-34

4. **Er hat viele Beweise seiner übernatürlichen Kraft gebracht (Wunder) und total viele Kranke und durchgeknallte Typen geheilt.** –

Matthäus 8,23-27/Markus 5,1-20

5. **Er hat aber auch den Heuchlern, Besserwissern und Religionsprofis gezeigt, wo der Hammer hängt.** –

Matthäus 23,13-36

6. **Weil die dann voll den Hals hatten, haben sie ihn als Gotteslästerer hinrichten lassen.** –

Matthäus 26,1-5

7. **Jesus ist elend am Kreuz verreckt, war drei Tage tot und ist dann aber wieder total lebendig rumgelaufen (Auferstehung).** –

Matthäus 27, 33-50 und 57-61/Matthäus 28,1-10

Lies das mal!

Das ist alles echt so abgefahren, so was kann man sich gar nicht ausdenken!! Und seine Freunde, die Apostel, waren die ganze Zeit bei ihm, haben das alles selber erlebt

Johannes 1,14

(oder von Maria gehört) und sich hinterher von nix und niemand davon abbringen lassen, das alles genau so zu erzählen und aufzuschreiben. Ein paar von ihnen wurden dafür sogar gekillt!!

Apostelgeschichte 4,18-19 + 7,54-60

Also, die hatten echt keinen Vorteil dadurch, sondern sind überall angeätzt, beschimpft und verfolgt worden – wer würde das alles für ´ne Märchengeschichte tun?

1. Korinther 4,10-13/2. Petrus 1,16

Schön und gut, kannst du nun sagen, nur – **was hat das jetzt mit mir zu tun?**

b) Was hab ich mit ihm zu tun?

Jetzt kommt erst der eigentliche Knaller:

Im ersten Teil ging es hauptsächlich um das, was in seinem Leben passiert ist, zum Beispiel, wer sein Vater war, was er für Wunder getan hat, mit welchen Leuten er Stress hatte, dass er starb und vom Tod auferstand.

Der eigentliche Job von Jesus ist aber, „RETTER" zu sein!

Johannes 3,17

Einen Retter brauchst du immer dann, wenn du alleine nicht mehr klarkommst. Zum Beispiel:

• wenn du im Freibad zu viel Sonne aufs Hirn bekommen hast und fast absäufst;
• wenn du mit dem Moped aus der Kurve fliegst und dir die Gräten brichst;
• wenn ein Haufen harter Typen hinter dir her ist und dir auf die Fresse hauen will:

und so weiter und so weiter … Für diese Fälle gibt es Bademeister, Notärzte und hoffentlich einen großen starken Bruder!!

Doch was ist mit den ganzen anderen Problemen, die jeder von uns früher oder später mal hat und wo so schnell keiner helfen kann?

• Dein(e) beste(r) Freund(in) hat dich abgelinkt. Du kannst es nicht fassen und würdest am liebsten =?!«§$%&//! …
• Deine Eltern haben sich getrennt und der neue Typ deiner Mutter ist ein A«§$%&/och, der deine Mutter verprügelt und dich nur blöde anmacht …
• Du hast echten Mist gebaut und versuchst alles, damit es niemand rauskriegt – (kannst aber trotzdem schlecht schlafen) …
• Du hast angefangen Drogen oder Alk zu nehmen und kommst nicht mehr los davon, obwohl dir klar ist, dass du dich kaputt machst …

• _____

(Hier kannst du selbst ein Thema aufschreiben, das dir unter den Nägeln brennt.)

Ja, da ist mit Bademeister, Arzt und großem Bruder meistens nicht viel zu machen – auch deine Freunde können kaum helfen, den **Frust, die Angst und die Einsamkeit** loszuwerden, und die Probleme werden je länger umso mehr …

Du kannst dir zwar mit Videospielen, Wutausbrüchen oder mit Kicks und Trips jeder Art etwas Ablenkung verschaffen. Oder du versuchst den Druck irgendwie anders abzulassen, aber die Probleme kannst du nicht lösen, ja es scheint irgendwie gar keine Lösung zu geben, und langsam wird dir alles §$%&/egal.

11

Oder du bist ´ne ganz andere Nummer und stürzt dich auf ein Hobby oder suchst dir irgendwelche Stars, kaufst jede CD und hast dein ganzes Zimmer mit „coolen Leuten" tapeziert. Und jeder, der das nicht so toll findet, ist dein Feind.

Also gegen ein Hobby ist echt nix zu sagen, und ´ne coole Klicke ist viel wert, nur taugt das alles nichts, um Probleme zu lösen und dich dauerhaft gut draufzubringen!

Dann gibt's auch einige, die alles, jeden und sich selber so sch&%$e finden und echt **deprimäßig** draufkommen, kaum noch aus dem Loch kriechen und sich am liebsten den Strick holen und sich erschießen würden.

Vielleicht hast du auch eine Behinderung oder eine schwere Krankheit und denkst, das Leben hat dir nix zu bieten.

Aber auch wenn das alles nicht auf dich zutrifft, du der glücklichste, reichste und schönste Mensch des Universums bist, wirst du irgendwann an deine **Grenzen** kommen, wo du dir echte Hilfe wünschst, weil irgendwas dich voll umhaut.

Vielleicht bist du auch einfach jemand, der die **Wahrheit und die Liebe** liebt und darunter leidet, dass überall gelogen und betrogen wird. Dass die meisten Menschen noch nicht mal sich selber lieben können und der ganze Planet wegen Rücksichtslosigkeit und Egoismus den Bach runtergeht.

Für alle diese Fälle und jeden anderen gilt: – !!JESUS KANN DIR HELFEN!! –
Und das geht so (denke an die 7 Punkte aus dem vorigen Kapitel):

Hebräer 2,18

1. **Er hat nicht nur menschliche Power, sondern als Sohn von Gott auch das göttliche Programm voll drauf** – das heißt, er kann dir helfen, wo menschlich gesehen nix mehr geht.

2. **Sein Durchblick geht tiefer und weiter als der von normalen Menschen** – das heißt, er hat Schnall von Dingen, die wir nicht mal ahnen, und blickt Sachen bei dir, die du selber nicht weißt.

3. **Sogar der Satan selber haut ab, wenn Jesus in der Nähe ist, und so kann Jesus seinen Job machen und allen helfen** – das heißt, es gibt nix und niemand, der stärker ist als er.

4. **Wenn sonst nix geht, kann er auch in deinem Leben Wunder wirken, und er nimmt es mit allen Dämonen auf** – das heißt, du wirst dich ganz schön wundern, was abgeht, wenn du ihm vertraust.

5. **Niemand kann ihm etwas vormachen. Er kennt jeden Menschen genau und sieht alle Gedanken und Wünsche** – das heißt, versuch es gar nicht erst, sondern lerne von ihm, dir selber nix mehr vorzumachen.

6. Er hat selber den größten Stress und unglaubliches Unrecht kennengelernt und sich dabei nix zuschulden kommen lassen – das heißt, er kennt jeden Mist, der auf dem Planeten läuft, ist nicht abgehoben und bleibt immer cool.

7. Selbst den Tod kennt er, und der hat für ihn auch keine Power mehr. Jesus ist stärker als der Tod! – Das heißt, du brauchst keine Angst mehr zu haben!!

Jetzt denk aber bloß nicht, Jesus wäre so 'ne Art „Wunderdoktor", der alle deine Probleme sofort für dich löst. Aber er hilft dir auf jeden Fall dabei, wo sonst keiner mehr helfen kann!

Das hört sich ja ganz gut an, kann aber auch peinlich sein: jemand, der wirklich alles über dich weiß … na ja …

Doch da ist noch was ganz Wichtiges: – **!! JESUS LIEBT DICH!!** – … und die Liebe ist einfach das Beste, was geht!

Johannes 13,1 + 34/Epheser 5,2

Wenn man jemanden liebt, will man immer bei ihm sein, und es fällt einem nicht schwer, Fehler zuzugeben!

Wenn schon die Liebe unter Menschen so viel bewegen kann, dann versuch gar nicht erst, dir die **göttliche Liebe** vorzustellen. Die sprengt einfach alles, da hat nix Schlechtes mehr die geringste Chance – da gibt es echt **keine Hindernisse** mehr!!!!

Damit das auch alles funktioniert, gibt es ein **„unschlagbares Team"**:
Vater, Sohn und Heiliger Geist!

13

c) Vater, Sohn und Heiliger Geist

Um eins mal gleich klar zu machen: Es handelt sich hier nicht um drei verschiedene Personen, sondern um **drei Versionen der gleichen Person!!**

„Hä, wie geht das denn?" – Kein Problem: Selbst bei uns ist es so.
Man kann gleichzeitig Vater, Sohn und, sagen wir mal, Karate-Kämpfer
sein – oder etwa nicht?! Jedesmal derselbe, nur in einer anderen Funktion! Und so ist es auch hier:
Gott ist der **Schöpfer** – der hat sich alles ausgedacht und erschaffen. Dazu brauchte er 'ne Menge
Power – die nennt man Heiliger Geist. Auch jeder Mensch hat seinen Geist – nur ist der eben nicht
so „heilig" wie bei Gott, sondern wir denken und bauen reichlich Mist … Ja, und Jesus ist nun die
„Version" von Gott, die extra dazu **Mensch geworden ist,** um uns aus diesem Mist, den wir so
bauen, wieder rauszuholen und uns davon zu befreien, und das geht so:

Wenn jemand gegen die Gesetze verstoßen hat und erwischt wird (und Gott „erwischt" sie alle!),
dann wird er vor den Richter gestellt und muss den Käse verantworten. Normalerweise wird er
auch bestraft, das soll dann **Gerechtigkeit** wiederherstellen. Dazu sagt man auch: **Er muss dafür
büßen!**

Was geschehen ist, kann nicht rückgängig gemacht werden, auch wenn man es „**bereut**".
(Was Geklautes kann man zwar zurückgeben, aber geklaut hat man doch!)

So, und Gottes Gesetz für uns heißt: „**IHR SOLLT LIEBEN!**« –
waaas, sonst nix?

Matthäus 19,19/Römer 13,8

Du dachtest bestimmt, jetzt kommen die 10 Gebote + tausend
Sachen, die man tun und lassen soll?
Nee, **so einfach ist das!** (… nur ist das eben gar nicht so einfach!)

– Okay, seine Eltern lieben (wenn sie cool sind), das lässt sich machen, und den Freund oder die Freundin – geht auch klar –, beim
Hamster, Hund oder Wellensittich – eigentlich kein Problem –, bei den nervigen Geschwistern, dem
Penner am Bahnhof und der Lehrerin, die immer so rumkeift und schlechte Noten verteilt – oje …
Ganz übel wird's dann bei deinem Spezialfeind, der dir immer auf die 12 hauen will, dem bissi-
gen Pitbull vom Nachbarn und dem Türsteher an der Disco, der meint: „Du kummst hier nit rein",
und sagt, du sollst dich mit deiner Hackfresse verpissen … also, da hört's dann echt auf mit dem
Lieben!
Und doch sagt Gott, wir sollen **jeden und alles** lieben – nicht zu machen, oder? Nun sollten wir
erst mal überlegen, was damit gemeint ist. Sicher nicht, dass wir jedem um den Hals fallen sollen
(beim Pitbull echt schlecht …) und uns immer blöde grinsend auf die Fresse hauen lassen – es geht

vielmehr um eine innere Einstellung, jeden lieben zu wollen und nicht selber andere zu verletzen! Du wirst sehen, dann verändert sich einiges. Du wirst mit der Zeit echt geschmeidiger und vielleicht hört dein Feind auch auf, dir nachzustellen, knurrt dich der Pitbull nicht mehr an und du kommst sogar mal in die Disco rein (obwohl du noch nicht 16 bist …), aber selbst wenn erst mal alles beim Alten bleibt, wirst du in dir so einen Frieden und eine Sicherheit bekommen, die dich echt high macht – das kommt dann direkt von Gott, weil der sich freut, dass du es ernst meinst und wenigstens versuchst!

Und da, wo es nicht ganz klappt, da kann er dann noch **Gnade vor Recht** ergehen lassen, und du brauchst kein schlechtes Gewissen zu haben!

Apostelgeschichte 15,11/Hebräer 10,22

Und das ist noch mal was ganz Wichtiges: Wir werden niemals 100 Pro alles richtig machen mit dem Lieben und so. Und dann noch der ganze Mist, den wir gebaut haben, bevor wir es überhaupt damit versucht haben! Aber Gott hat dafür die absolute Lösung:

„Seine GNADE hilft uns weiter!" – *Oh Mann – was soll das denn jetzt heißen?*

Nehmen wir mal den Fall eines Killers. Der kriegt lebenslänglich oder in Amerika sogar die Todesstrafe. Aber ein Richter oder Gouverneur kann den Kandidaten begnadigen, wenn er meint, der Typ hat sich echt geändert und wird nun keine @tzenden Sachen mehr machen – so ist das auch bei Gott!

Der ist sogar so weit gegangen, dass er als Jesus höchstpersönlich auf diesen Planeten gekommen ist und die Strafe – die eigentlich für uns und alle Menschen gerecht gewesen wäre – selber auf sich genommen hat. **DAS IST LIEBE!**

– Also wenn du jemanden echt liebst, dann würdest du vielleicht auch für ihn in den Knast gehen oder sonst was tun, obwohl du unschuldig bist – oder?! Genau das hat Jesus für uns getan, und so kann Gott uns auch begnadigen, ohne dabei ungerecht zu sein:

JESUS HAT ALLES FÜR UNS AUSGEBADET.

Hebräer 1,3/Offenbarung 1,5

GOTT WILL UNS NIX MEHR NACHTRAGEN, SONDERN ALLES VERZEIHEN, WAS WIR VERBOCKT HABEN.

1. Johannes 1,9

DER HEILIGE GEIST WIRD UNS HELFEN, SO ZU LEBEN, WIE ES KORREKT IST.

Lukas 11,13

Alles klar? Auch wenn sich manches kompliziert anhört und manche Leute jahrelang irgendwelche Sachen studieren, um das alles zu blicken, wichtig ist nur eins:
Gott liebt uns, und wir haben allen Grund, ihm dankbar zu sein und ihn auch zu lieben!!

So, jetzt noch mal zum Mitschreiben:

Gott ist absolut gerecht und weiß alles über uns. Er liebt uns wie verrückt und hat deshalb als **Jesus** in Person gezeigt, was wahre Liebe ist. Er will uns heute durch seinen **Heiligen Geist** dazu bringen, ihn und alles, was er geschaffen hat, auch zu lieben.

Echt 'ne coole Sache und ein super Team, oder?! Jetzt liegt es also nur noch an uns, ob wir da mitmachen oder lieber in unserer alten Soße weiterschwimmen wollen, den lieben Gott einen guten alten Mann sein lassen, der irgendwo in den Kirchen rumsitzt und sich freut, wenn mal jemand vorbeikommt – oder wir nehmen sein (An-)Gebot ernst und kapieren, dass er das alles auch für uns organisiert hat und dass wir ihn echt brauchen, um ein cooles und abgefahrenes Leben haben zu können!

So ein Leben mit Power, die von Gott kommt, ist so was völlig anderes als alles, was sonst so geht, dass es von Jesus und seinen Aposteln als „Wiedergeburt" oder „Neugeburt" bezeichnet wurde. In der **Bibel** wird genau beschrieben, wie das geht und was für Erfahrungen die Leute gemacht haben, die sich darauf eingelassen haben. Gott hat dafür gesorgt, dass diese coole Message (gute Nachricht) und alles, was wir darüber wissen sollten, genauestens aufgeschrieben wurde. Das ist heute noch genauso aktuell wie zu der Zeit, als das alles losging. Denn wenn Gott was sagt oder tut, dann ist das eben ewig gültig und hat kein Verfallsdatum …

Genau deshalb sollte jeder wissen, was da eigentlich in der **BIBEL** steht (und den 2. Teil von diesem Volxbibel-Bibelkurs machen, um besser durchzublicken) – yes!!

Aber vorher solltest du noch den Fragebogen zum ersten Thema ausfüllen. Da geht es nicht um Richtig oder Falsch, sondern einfach darum, dass du selber noch mal für dich einen Überblick kriegst, was du glaubst und was nicht. Wenn du noch Fragen oder Bemerkungen hast, kannst du uns die mailen oder per Post schicken. Die Adressen findest du im Anschluss an den Fragebogen.

FRAGEBOGEN ZU THEMA 1 – JESUS

Statt 10 Gebote findest du hier 10 Fragen. Kreuz an und beantworte, was du willst und richtig findest.
   Beantworte die Fragen bitte möglichst „frei Schnauze" und pinn sie nicht vom Text ab – so gibt es ein ehrliches Ergebnis, und benotet wird sowieso nix!!

1.) Habe bisher –
noch nix über Jesus gehört ◉ / habe einen blassen Schimmer ◉ / habe schon viel gehört ◉ –
von wem? *(Eltern, Reliunterricht oder Ähnliches)*

_____

2.) Mir kam das komisch vor ◉ / ich hab mich schon für Jesus interessiert ◉ / war mir egal ◉

3.) Ich halte es für möglich, dass es Jesus nie gegeben hat – Ja ◉ / Nein ◉
   (kurze Begründung)

_____

4.)

	übertrieben	schon wahr	weiß nicht
a) Was über Jesus in der Bibel steht, halte ich für			
b) Dass Jesus von Gott gezeugt wurde, halte ich für			
c) Dass er Wunder getan hat, halte ich für			
d) Dass er was mit mir zu tun hat, halte ich für			
e) Dass er vom Tod auferstanden ist, halte ich für			
f) Dass er was ganz Besonderes ist, halte ich für			

5.) Ich kann mir vorstellen, dass Jesus heute noch lebt –
Ja ◉ / wohl kaum ◉ / so'n Quark ◉

6.) Ich würde mir schon wünschen, dass er mir helfen könnte –
Ja schon ◉ / komme gut selber klar ◉

Am ehesten würde ich seine Hilfe brauchen bei:

_____

7.) Wenn ich ihm begegnen würde, würde ich ihn fragen:

_____

8.) Vater, Sohn und Heiliger Geist sind drei ganz unterschiedliche Typen –
Jau ⬤ / Nee ⬤

9.) Es gibt krasse Sachen, die würde Gott nie verzeihen –
Ja, leider ⬤ / Nee, gibt´s nicht ⬤

10.) Ich würde **ALLES** tun für jemand, den ich liebe –
na klaro ⬤ / kommt drauf an ⬤ / eher nicht ⬤

Das war´s schon mit dem ersten Teil!

   Und wie gesagt: Du kannst uns schreiben, Fragen stellen und auch rumnörgeln, wenn dir was nicht passt! – Wir freuen uns auf deinen Input!! Schreib einfach 'ne Mail an

kurs@volxbibel.de

oder 'nen Brief an:

Volxbibel-Verlag
Glaubensführerschein
Postfach 4086
58426 Witten

Die Seite für mein eigenes Geschreibsel – meine Notizen, meine Fragen u. s. w.

19

DIE BIBEL

a) Nur alter Käse?

Selbst bei Leuten, die voll auf Jesus abfahren, ist nicht immer klar, was eigentlich so wichtig an der Bibel ist – und manche meinen sogar, das sei doch „nur alter Käse".

Okay, dass die Bibel ein alter Schinken ist, geht klar – aber Käse noch lange nicht!

Da das hier aber kein Kochbuch werden soll, sondern die Frage gestellt wird: „Was bringt uns die Bibel eigentlich heute noch?", hier erst mal ein paar Fakten:

Sollte man wissen!

- Die Bibel ist mit Abstand das meistgedruckte und meistgelesene Buch der Welt. Sie ist in praktisch allen Sprachen der Welt zu haben, der fetteste Bestseller aller Zeiten!!
- Die Bibel wurde über einen Zeitraum von mehreren Hundert Jahren von einer ganzen Menge unterschiedlichster Figuren geschrieben – da gab es Bauern und Fischer, Könige und Bettler, alte und junge Propheten, Fröhliche und Leidende, kurz: alles, was es so gibt.
- Eines war ihnen aber allen gemeinsam: Sie waren mit Gott unterwegs, sie kannten sich aus!
- Einige Teile der Bibel wurden von Leuten geschrieben, die schon immer einen Draht zu Gott hatten, andere wurden ganz plötzlich von ihm angesprochen und bekamen einen bestimmten Auftrag. Es gibt auch Bücher von Leuten, die in dicken Schwierigkeiten steckten und von Gott Hilfe erhofften (und auch bekamen), oder jemand war total high und von Gottes Liebe total angezapft, sodass er ein Gedicht oder Lied geschrieben hat.
- Dann gibt es aber auch so 'ne Art Reporter, die berichten, was passiert ist oder was jemand zu einer bestimmten Zeit gemacht und gesagt hat.

z. B. Lukas 1,1-4; Apostelgeschichte 1,1

Und so etwa wie bei einer Fußballmannschaft, wo es viele unterschiedliche Spieler auf unterschiedlichen Positionen gibt, funzt das nur, wenn es da auch einen Trainer gibt, der alles organisiert – und hier ist das eben Gott selber!

Gott hat die Welt nicht einfach mal so ins Blaue hinein erschaffen, sondern er hat einen ganz bestimmten **Plan,** und den hat er nach und nach veröffentlicht –

– Erst mal hat er nur ein paar Spezis wie Abraham und Moses gezeigt, wer er ist und was er will, später dann
– durch einige Propheten einem ganzen Volk (Israel),
   ...und am Schluss durch Jesus und seine Apostel allen Menschen überall auf der Welt!
                                                                                    Hebräer 1,1-3

Weil ihm das so wichtig ist, hat Gott dafür gesorgt, dass alles genau weitergegeben und übersetzt wird, damit wirklich jeder das lesen kann. Er hat es so viele Jahrhunderte (über 2000 Jahre!) vor allen Angriffen irgendwelcher Dösköppe beschützt, beispielsweise von Diktatoren und so, die meinten, sie wüssten es besser, und die Bibel vernichten wollten. Aber niemand hat es geschafft! Das ist ja leicht zu beweisen, denn selbst heute kann jeder diese Bibel in der Hand halten – oder sich schnellstens eine besorgen!

Um zu sagen, was Sache ist, hat Gott seine Leute angezappt und ihnen manchmal genau wörtlich gesagt, was sie schreiben sollen, oder ihnen sogar Visionen gegeben (das sind keine Hallus wie auf Droge!), damit sie genau beschreiben können, was er will und vorhat!
   So hat sich Gott schon immer bei den Menschen gemeldet und seine Nachrichten rübergebracht (Handy, TV und I-Net gab´s ja nicht).
                                                                                    2. Petrus 1,21

Daher kann man getrost behaupten: **Die Bibel ist Gottes Ansage** – und genau wie bei ´nem Radio (da hören wir die Stimme des DJs oder Moderators, das Ding redet ja nicht selber) hören wir Gott durch dieses Buch reden. Als dann Jesus kam, war das etwa so, als kommt Gott persönlich vorbei, um uns alles, was wichtig ist, zu verklickern und es dann auch selber vorzumachen!

Daher gibt es auch 2 große Teile – den alten und den neuen Teil (auch Testamente genannt). Testament bedeutet hier so was wie ein Vertrag. Also reden wir hier vom alten und vom neuen Vertrag zwischen Gott und den Menschen.

!!Bis Jesus kam, galt der alte Teil, der alte Vertrag, ab dann der neue!!
                                                                                    Hebräer 9,15

Im neuen Teil ist Jesus dann auch die absolute Hauptperson, sozusagen der Star der Story!
Also ist der alte Part tatsächlich „alter Käse"?
   Nee, nix da – denn dort stehen echt auch total abgefahrene Sachen drin, zum Beispiel:

- wie Gott die Welt, die Menschen und die Tiere und überhaupt alles gemacht hat
- wie sehr er auf die Leute abfährt, die ihm vertrauen

- wie krass er seinen Freunden hilft (oder auch seine Feinde vernichtet)
- wie viel Geduld er mit den Menschen hat
- dass Gott von Anfang an geplant hat, die Menschen durch Jesus zu retten
- und noch vieles mehr …

Gott hat nämlich durch einige Prophetentypen 'ne Menge Einzelheiten über Jesus schon vorher sagen lassen, damit die Leute Bescheid wissen, die sich mit seinen Ansagen auskennen.
Da steht zum Beispiel,

- dass Jesus von einer Jungfrau in Bethlehem geboren werden wird;
- dass der Geist und die Kraft von Gott immer mit ihm sein werden;
- dass er aber von vielen verachtet und verspottet werden wird;
- dass er leiden und sterben muss wie ein Verbrecher;
- dass er aber auch den Tod besiegen wird und sonst viele andere krasse Sachen laufen …

So kann jeder sehen, dass Gott alles prima durchdacht und vorbereitet hat und dass niemand etwas verhindern kann, was er durchziehen will!

Apostelgeschichte 10,43

Und so hat er mit Jesus ein Rettungsprogramm installiert, das absolut gut funzt und für jeden kostenlos zu haben ist! Doch genau wie man sich mit einem Computerprogramm erst mal 'ne Weile befassen muss, bis man kapiert, worum es geht und wie es läuft, so muss man sich auch die Zeit nehmen, diese Software auf der Festplatte zu installieren.

Und weil das neue Programm für uns heute noch gilt, wollen wir uns auch damit befassen. Da kommt natürlich als Erstes die Frage auf: „Stimmt das, was da steht – oder haben sich das nur ein paar Spinner ausgedacht?" (Mit anderen Worten: „Hol ich mir etwa 'nen Virus, wenn ich das runterlade?")

Falls es stimmt, wo sind die Beweise?

b) Wo sind die Beweise?

Der beste Beweis für irgendeine Sache ist immer ein Zeuge, der alles gesehen hat! An zweiter Stelle kommen dann die sogenannten „Indizien", das sind Sachen wie Fingerabdrücke, Spuren am Tatort, das Motiv und so weiter. Manchmal erstellen Spezialagenten auch ein „Täterprofil". Damit kann der mögliche Täter beschrieben werden, ohne dass ihn jemand gesehen hat. Das sieht dann beispielsweise so aus:

„Er ist männlich, hat blaue Haare, ist zwischen 18 und 22 Jahre alt, fährt 'ne Schrottkarre und hat wohl aus Raffgier die Oma umgenietet …", oder so ähnlich (trifft hoffentlich nicht auf dich zu!).

Wenn man also alle diese anerkannten Möglichkeiten nimmt, die dafür da sind, um zu beweisen, ob etwas wahr ist oder nicht, dann gibt es eigentlich nur ein Ergebnis:

ALLES, WAS IN DER BIBEL STEHT, IST WAHR!!

2. Petrus 1,16

1. Die Berichte sind fast alle von Augenzeugen aufgeschrieben worden, die Jesus selber kannten, mit ihm rumgezogen sind und gesehen und gehört haben, was abging.

2. Es gibt unzählige „Fingerabdrücke" von Jesus und seinen Aposteln. Überall haben sie deutliche Spuren hinterlassen.

3. Das Täterprofil zeigt eindeutig: Hier war ein einmaliger Typ am Werk und hat etwas völlig Einzigartiges gemacht und in Gang gesetzt.

Aber damit sind wir noch lange nicht am Ende der Beweise angekommen!

Das sind bisher sozusagen nur die Argumente für Leute, die sich aus der Ferne für Jesus interessieren. Der eigentliche Hammer ist, wenn das jemand ernst nimmt, an das glaubt, was Jesus getan und gesagt hat, und dann die Kraft Gottes sein Leben völlig verändert. Das müsste dann normal auch den letzten Zweifler überzeugen, oder? Wenn zum Beispiel

- ein totaler Alki oder Drogenkasper plötzlich ohne Stoff auskommt, ein cooles Leben beginnt und nur noch von Jesus redet,
- jemand, der nur hinter Macht, Sex und Kohle her war, plötzlich ein freundliches Gesicht bekommt und anfängt mit seiner Kohle anderen zu helfen,
- jemand, der gestern noch vor den Zug springen wollte, plötzlich große Pläne hat und anderen gut zuredet,
- jemand, der sich bisher nur lauthals über die Christen lustig gemacht und voll abgelästert hat, sich plötzlich taufen lässt und in eine Gemeinde rennt,
- der/die unscheinbare und schüchterne Klassenkollege/in plötzlich mutig und ernsthaft behauptet: Jesus ist die Nummer 1,

- der tätowierte Schläger, bei dem es immer sofort was auf die Fresse gab, echt harmlos wie ein Pudel wird und immer ́ne Bibel dabeihat,

dann denkt man sich erst mal: So was Abgefahrenes gibt ́s doch gar nicht? Oh doch – und das gleich tausendfach!!

Römer 6,3 und 4

Ja, das fing schon zu Zeiten von Jesus und den Aposteln an. Da wurden total durchgeknallte Typen plötzlich zu Normalos, Diebe gaben ihre Beute zurück und zahlten noch dick drauf, Leute, die keinen Sinn im Leben sahen, wurden zu Stimmungskanonen, Krüppel haben ihre Krücken weggeschmissen und einen Freudentanz aufgeführt, andere, die Christen bis aufs Blut verfolgt haben, wurden selber zu Predigern der guten Message – und das sind nur ein paar Beispiele von vielen.

Und all das hat seither nie aufgehört, sondern findet auch heute noch täglich statt. Frag mal einige Leute, die mit Jesus leben und von ihm schwärmen, was sie früher so gemacht haben … Natürlich muss nicht jeder gleich ein Krimineller gewesen sein – aber du wirst staunen!!

Das ist ja sowieso die Hauptsache: **DO IT!!** (Mach es!)

Jakobus 1,22

Egal was die Leute erzählen, wie schön das im Wasser ist und wie viel Spaß es macht und wie sauber man da wird, das bekommt alles erst eine Bedeutung für dich, wenn du es selber ausprobierst, ins Wasser springst und schwimmen lernst. Solange du auf dem Trockenen sitzt und dir tausend Sachen überlegst, warum das nix für dich ist, wird dir alles Gerede nix nützen!

Die Menschen, die Jesus krass finden und mit ihm leben, werden also selber zu „Beweisen" seiner **Liebe und Power** – und das ist es, was zählt.

Jesus hat immer wieder betont, dass nur wer gut zuhört, glaubt und dann auch tut, was er sagt, erfahren kann, was wirklich dahintersteckt. Und dann ist er auf der sicheren Seite. Eigentlich könnte es einem dann völlig egal sein, was die anderen denken und reden, aber das alles funkt ja nur dadurch, dass einer es dem anderen weitersagt und diese wahnsinnige Liebe Gottes bezeugt, die jedes Leben völlig verändern kann – auch deins!! –, und wenn es noch so verkorkst scheint!!

Matthäus 9,13

So sieht die Sache aus, und daher der gute Tipp:
Spring selber ins Wasser und lern schwimmen! Dann wirst du nicht mehr deine Zeit damit verplempern, schlaue Ausreden zu erfinden, und hast Anteil an der abgefahrensten Sache, die je auf dem Planeten gelaufen ist. Zugegeben: Man wird nass und es ist schon etwas gefährlicher, als auf dem Trockenen zu sitzen, aber wenn du dich einmal getraut hast, willst du immer wieder reinspringen

(oder gar nicht mehr raus!). Wenn du gut schwimmen kannst, kannst du das ja dann auch anderen beibringen oder jemandem helfen, der gerade voll am Absaufen ist ...

Und das ist schon der Sinn der ganzen Übung:

Gott will, dass wir was ganz Neues erleben, sozusagen eine neue Dimension kennenlernen. Er hat das alles angezettelt, damit wir nicht „vertrocknen" müssen, sondern ein richtig volles Leben haben und anderen sogar dabei helfen können, das auch zu erreichen!

Johannes 7,37 und folgende Verse

Das ist Gottes Plan!

c) Gottes Plan

Wir hatten es schon gesagt:

Gott macht nix einfach so ins Blaue hinein. Alles, was er tut, ergibt Sinn, und er hat einen coolen Plan. Und das Beste ist:

Es funktioniert!!

Das beweist eine riesige Menge von Leuten, die voll auf Jesus abfahren und bezeugen:

Er hat alles völlig verändert in meinem Leben und ich möchte nicht mehr ohne ihn rumlaufen!

Nun sollten wir doch mal eben den alten Teil der Bibel beäugen:

Jeder hat schon mal gehört, dass Gott die Welt in sieben Tagen erschaffen hat (genauer gesagt in 6 Tagen – am 7. hat er nämlich reläxt!).

Und die Sache mit dem Paradies, mit Adam und Eva, der Schlange und dem Apfel kennt auch jeder, oder? (Haha, kleiner Scherz … schon reingefallen – da steht nämlich gar nichts von 'nem Apfel, sondern die haben in die „Frucht vom Durchblick-Baum" gebissen …)

Egal – für uns ist gerade nur interessant, dass Gott ihnen verboten hatte, von dieser Frucht zu essen und sie es trotzdem getan haben!

Und dann kamen später durch **Mose** die berühmten **10 Gebote**.

Hier lief das genauso: Gott sagt, was Sache ist, aber die Menschen halten sich nicht daran. Und nun haben wir diese Sache mit der **LIEBE** an der Backe. Eigentlich ganz einleuchtend, aber auch das geht oft schief (oder wir versuchen es erst gar nicht).

Nun hätte Gott allen Grund, voll den Hals zu haben und diese ganzen Blödspaten aller Zeiten mit schlimmen Strafen wie Vernichtung, Tod und Untergang zu bestrafen – oder etwa nicht?

Das hat er auch oft genug gemacht – im Alten Teil der Bibel wird viel davon berichtet. Die Städte Sodom und Gomorra, wo die Leute es besonders krass getrieben haben, sind bis heute eine sprichwörtliche Erinnerung an das, was denen passieren kann, denen die Ansagen von Gott völlig schnuppe sind und die in den Tag hineinleben, wie es ihnen passt. Die beiden Städte wurden nämlich ganz plötzlich vernichtet, und fast alle kamen ums Leben.

Tatsache ist aber:
- Gott hat gar keinen Bock da drauf, uns zu bestrafen, sondern will viel lieber, dass wir es gebacken bekommen.

- Er kennt die Menschen ganz genau und wusste schon, dass das 'ne schwierige Kiste wird und wir lieber unseren eigenen Kram durchziehen wollen.

• Darum hat Gott von Anfang an den Plan zur Errettung in der Schublade gehabt und hat dann, als die Zeit reif war, seinen Sohn Jesus geschickt, um diesen Plan bekannt zu geben und umzusetzen.

Im alten Teil der Bibel hat Gott immer wieder davon gesprochen, dass alles so passieren wird, damit die Menschen eine echte Chance bekommen, doch noch klarzukommen.

Ja, und wir sind nun die Glücklichen, die in der Zeit leben, wo Gott das megacoole Programm

– GNADE VOR RECHT – voll am Laufen hat!!

2. Timotheus. 1,9

Um genauer zu sein – es läuft nun schon seit 2000 Jahren, ist also ein echter Dauerbrenner! Eine riesige Menge von Leuten aus aller Welt haben dieses Programm seither auf ihrer Lebens–Festplatte installiert, und jedes Mal steigt 'ne fette Party im Himmel, wenn jemand dazukommt.

Lukas 15,7 und 10

Das Ding hilft ja nur allen, die sich freiwillig dazu entscheiden – es gibt also keinen Druck von außen. Gott möchte uns einfach dazu bewegen, ihm und Jesus zu vertrauen.

Wir sollten es aber hier nicht verschweigen:

Es wird für alle, die dieses großzügige Angebot in die Tonne kloppen, irgendwann echt zappenduster aussehen, auch wenn sie jetzt noch denken: „Ich bin voll cool, und die Christen haben doch einen an der Waffel."

z. B. Matthäus 22,12-14

Pass bloss auf!

Wer also lieber seinem eigenen Plan vertraut, wird bald vor dem Crash stehen, und falls er es nicht doch noch schnallt: … Irgendwann ist die Tür zu und die Fete steigt ohne ihn! Das wird dann echt @zend werden für alle, die draußen sind – hier lassen die Worte von Gott echt keinen Zweifel dran!

(Sodom und Gomorra waren noch harmlos dagegen!)

Also, Gott hat seinen Plan nicht nur optimal vorbereitet, mit Jesus begonnen und durch die Apostel durchgezogen, er hat uns in der Bibel auch alles haarklein verklickert, damit wir wissen, woran wir sind!

Es liegt jetzt also an uns, was wir draus machen! Was nützt uns der beste Rettungsring auf hoher See, wenn wir davon überzeugt sind, dass wir den nicht brauchen, und denken, wir schaffen es alleine bis ans Ufer …

Also jetzt noch mal zum Mitschreiben:

- Die ganze Bibel besteht aus dem alten und dem neuen Teil. Der alte fängt mit der Erschaffung der ganzen Welt an und der neue hört mit dem Ende der Welt auf.
- Der alte Teil erzählt die Geschichte der Menschheit (und später dann von dem Volk Israel) bis dahin, wo Jesus kam.
- Der neue Teil erzählt das Leben von Jesus, seine krassen Ansagen, Wunder und so weiter.
- Es wird dann auch noch berichtet, was die Apostel und die ersten Christen so gemacht haben.
- Johannes bekommt am Schluss der Bibel noch eine ganz fette Vision aufgespielt, in der er gezeigt bekommt, was in der Zukunft bis zum Ende der Welt passieren wird.
- Alles ist Gottes Message an dich und mich und jeden Menschen, damit wir ihm vertrauen und unser Leben mit seiner Hilfe in den Griff bekommen.

Also, das müsste doch eigentlich jetzt echt reichen, um sich genauer mit der Bibel zu befassen, darin viel zu lesen und mit anderen darüber zu reden –

... Denn kann mir mal bitte jemand sagen, wo wir sonst etwas so Krasses finden???
(Wenn dir was einfällt, schreib es bitte auf die näxte Notizseite – bin echt gespannt!) ...

Also bitte auch den Fragenbogen zu Thema 2 durchchecken und diesen Kurs weitermachen!
– Es gibt da nämlich noch einige fette Überraschungen! –

FRAGEBOGEN ZU THEMA 2 – DIE BIBEL

Hier sind wieder 10 Fragen zum Ankreuzen oder Beantworten für dich:

1.) Ich habe schon mal früher in die Bibel geschielt – Ja ◯ / ganz selten ◯ / Nein ◯

Ich hab sogar 'ne eigene Bibel – Ja ◯ / Nein ◯ / wird sofort besorgt ◯

2.) Nenne mindestens einen Grund, warum die Bibel für dich interessant ist:

_____

3.) Obwohl die Bibel viele Leute geschrieben haben, spricht hauptsächlich Einer zu uns,
und das ist: _____. Er hat das alles aufschreiben lassen, damit wir schnallen,
dass er uns megamäßig _____, und wir wissen, was sein _____ ist.

4.) Mir fällt eigentlich kein Grund ein, warum die Bibel wahr sein müsste – Nee ◯ / oh doch ◯
und das ist:

_____

5.) Wie viele Hauptteile gibt es? – 1 ◯ / 2 ◯ / 3 ◯ / 99 ◯
Der wichtigste Teil für uns heute ist:

_____, die Hauptperson darin ist _____!

6.) Was hältst du für	besonders wichtig	nicht so wichtig	ganz egal
a) viel in der Bibel zu lesen			
b) alles gleich zu verstehen			
c) die Sache ernst zu nehmen			
d) mit anderen über meine Fragen und Erfahrungen zu reden			
e) eine Beziehung mit Gott anzufangen			

7.) Die Bibel, wie wir sie kennen, gibt es etwa – 50 Jahre ◯ / 500 Jahre ◯ / 2000 Jahre ◯

8.) Das meistgelesene Buch der Welt ist – Harry Potter ◯ / die Bibel ◯ / Telefonbuch ◯

9.) Wem das alles am A…rm vorbeigeht,

hat nix verpasst ◎ / Nö, was soll's ◎ / vielleicht doch ◎

10.) Es wurde echt Zeit, dass es die Volxbibel gibt:

Jau ◎ / das hätte man sich sparen können ◎

Deine Fragen, deine Story, dein Lob oder dein Mecker kannst du wieder bei uns loswerden, mit 'ner Mail oder mit 'nem Brief an:

kurs@volxbibel.de

oder 'nen Brief an:

Volxbibel-Verlag
Glaubensführerschein
Postfach 4086
58426 Witten

Meine Story, mein Lob, mein Mecker und was sonst so anliegt:

Thema 3
GLAUBE & ZWEIFEL

a) Ja, aber …

Hmm…

Wenn du es also tatsächlich bis hierher geschafft hast und diesen Kurs nicht nur machst, weil dir sonst total langweilig ist, gehe ich mal davon aus, dass du zu einigen Punkten aus den vorigen Teilen **Jesus** und **Die Bibel** durchaus „Ja" sagen kannst oder willst – nur selten gab es bei einem „Ja" so viele „Aber". Zum Beispiel:

… Aber was ist, wenn das alles doch nicht stimmt?
… Aber die Christen sind doch auch nicht besser als andere Menschen!
… Aber mein Kumpel/meine Freundin werden mich bestimmt auslachen!
… Aber in der Kirche ist es doch immer stinklangweilig!
… Aber es wurde doch schon bewiesen, dass die Bibel nicht stimmt!
… Aber was ist mit den Kreuzzügen und dem ganzen Mist?
… Aber der Papst ist doch auch nur ein Mensch!
… Aber ich kenn niemand, mit dem ich darüber reden könnte!
… Aber ich bin so verkorkst, Gott will bestimmt nix mit mir zu tun haben –
… und so weiter und so fort – dir fallen bestimmt noch ein paar eigene „Abers" ein – oder?

Tja, ab hier wird's jetzt echt persönlich. Nun geht es wirklich um deine eigene Einstellung und um deinen Mut, darum, wie straight du wirklich bist … also um **deinen** Glauben!

Eins mal ganz klar gleich zu Anfang: Das mit den Zweifeln ist total normal. Das geht jedem so, der sich mit diesen Sachen befasst – sie sind ja auch manchmal unglaublich!
   Es gibt sicher auf ganz viele „Aber" die passende Antwort, doch auch wenn 1000 „Aber" gut beantwortet wurden, heißt das ja nicht, dass du dann plötzlich 100 Pro glaubst!

Hier kommen mal ein paar Antworten auf die heftigsten „Aber":

… Klar sind Christen auch nicht viel besser – aber sie WERDEN besser, wenn sie mit Jesus ernsthaft unterwegs sind! – (Und außerdem sind sie besser dran!)

2. Timotheus 2,1

… Dass die Bibel falsche Ansage macht, wurde noch nirgends bewiesen, auch wenn das manche gerne hätten und es einfach behaupten. Richtig daran ist nur: Es gibt viele Theorien …! Außerdem ist die Bibel ja auch kein wissenschaftliches Biobuch, das sollte sie auch nie sein. Sie ist das Buch, wo es um den Glauben geht und das Leben mit Gott. Und alles, was über dieses Thema in der Bibel steht, ist 100 % voll auf der Linie und wahr.

1. Johannes 2,21-23

… Kreuzzüge, Hexenverbrennung und so'n Mist gab's zwar, hatte aber **NULL** mit dem zu tun, was Jesus wirklich will – auch wenn diese Wahnsinnigen dachten, sie täten was für Gott! (Hatten wohl keine Bibel gelesen …) Jesus ist der erste, der das total übel findet, kannst du glauben.

2. Petrus 2,12

… Klar ist der Papst nur ein Mensch, auch wenn viele behaupten, er sei der „Heilige Vater" und sitzt auf 'nem heiligen Stuhl.

Da haben einfach viele Leute Sehnsucht nach einem Gott zum Anfassen oder nach einem religiösen Superstar.

Matthäus 23,8-10

… Wenn du denkst, du wärst zu schlecht für Gott, dann hast du eigentlich recht, aber genau deswegen ist Jesus ja **DEIN Retter.** Du bist nah dran zu sehen, wie sehr du Jesus brauchst!

Lukas 5,31+32

Doch es gibt auch ein „Aber", das alle anderen „Abers" ganz schön alt aussehen lässt:

… Aber wenn nun wirklich alles so ist, wie es in der Bibel erzählt wird …?!

Dass in den vergangenen 2000 Jahren unheimlich viel Mist mit der Bibel und mit den Kirchen gelaufen ist, wird niemand bestreiten. Und dass viele Leute, die behaupten, mit Jesus unterwegs zu sein, ganz schön schräg drauf sind, ist auch wahr! Der Gag ist aber:

Jesus wusste schon, dass so was passieren würde, und hat genau das vorher schon angesagt:
„*Die, die mich immer volllabern mit ‚Oh Herr, allmächtiger Jesus', werden nicht in das Land kommen, wo Gott das Sagen hat, sondern nur die, die tun, was mein Himmelspapa wirklich will.*"

Matthäus 7,21, lies auch mal die Sätze danach

Dass es immer Leute gibt, die sich über die Glaubenden lustig machen oder deswegen @tzend werden, ist auch schon lange klar. Wenn uns das wichtiger ist als was Jesus uns sagt, dann na ja … *„Wir denken, es ist besser, das zu tun, was Gott von einem will, als das zu tun, was Menschen von einem wollen …"*, meinte Petrus, als man den Aposteln verbieten wollte, von Jesus zu reden.

Apostelgeschichte 5,29. Lies auch mal Matthäus 5,10-12.

Tu jetzt mal alle „Wenns" und „Abers" auf ein Konto und die vielen guten Gründe, es einfach für Bares zu nehmen und durchzustarten, auf ein anderes Konto – und dann überleg dir, wo du abheben willst! Da vielen das Nachdenken zu anstrengend ist, legen sie sich lieber aufs Sofa vor die Glotze oder gehen ins Kino – auch das ist ´ne Entscheidung …

Doch wenn Jesus wirklich der allergrößte Held ist, dann können Arnold Schwarzenegger, Sylvester Stallone und Spiderman einfach einpacken, weil sie echt zu schnarchig sind!

Wenn diese Bibel wirklich Gottes ganz abgefahrene Story für dich und die ganze Welt ist, dann können alle Harry-Potter-Bücher, Comics und so weiter getrost in die Tonne! Und allen, die immer so schlau daherreden: „Glauben heißt – nicht wissen", denen sagt man:

Auch das Nichtglauben ist nur ein Glaube!!

Oder kann etwa irgendjemand „beweisen", dass da was nicht stimmt??

Eins sag ich dir aber:
Deine Entscheidung musst du schon selber treffen. Wenn du darauf wartest, was andere sagen und ob sie da wohl auch mitmachen, dann kommst du nicht weiter! Wenn du einen Freund oder eine Freundin hast oder über beide Ohren voll verknallt bist, dann fragst du ja auch nicht lange rum, was die anderen davon halten, du weißt einfach: **Das ist es!**

Und so ist das auch mit Jesus. Er will ja nicht, dass du zu ihm kommst, weil es so viele andere auch machen oder weil es so tolle Argumente gibt, sondern er will dich mit seiner wahnsinnigen Liebe anstecken – so funzt das!

Dann gibt es da auch noch ´ne andere ganz praktische Frage zu klären:

Was bringt das Ganze eigentlich?

b) Was soll das bringen?

Das ist eine oft gestellte Frage. Aber die wenigsten wollen wirklich 'ne Antwort hören, sondern fragen nur, damit sie gleich abwinken können – und tschüss.

- Also, wenn du ein Handy kaufst, dann kannst du damit telefonieren, simsen und so weiter – klare Sache!
- Wer mit seinen Freunden loszieht, hat 'ne Menge Spaß (hoffentlich) – auch okay.
- Geht man in 'ne Fahrschule, lernt man dort fahren und hat bald den Lappen – super!
- Ziehst du dir 'ne Flasche Fusel rein, dann torkelst du rum und lallst nur dummes Zeug – na toll …

Wenn man was Bestimmtes macht, weiß man meistens schon vorher in etwa, was dabei rauskommt. Wer sich aber auf Jesus einlässt, betritt erst mal totales Neuland!

Du denkst vielleicht, dass dir Jesus so und so hilft – aber es kommt ganz anders.
Du hoffst, dass er dir eine @tzende Krankheit wegnimmt – aber da tut sich nix.
Du erwartest, dass jetzt alles Friede, Freude, Eierkuchen ist – nee, is aber nich.
Du glaubst, Jesus verzaubert dich in den/die, der/die du immer sein wolltest, aber der Blick in den Spiegel zeigt dir jeden Morgen die gleiche Fresse – sogar die Pickel sind noch da!

Wer als „Willi will was" zu Gott kommt, hat da was falsch verstanden: Klar kann und will er dir helfen, aber Gott ist nun mal kein Weihnachtsmann-Automat: „Gebet oben rein, Ergebnis unten raus …"

Also, wenn du Jesus zum Boss in deinem Leben machst, dann hat er auch das Sagen, und es wird so laufen, wie er das will. Letztlich wird das auch das **BESTE FÜR DICH** sein!

Nur geht das eben nicht hopp, hopp von jetzt auf gleich. Es ist eher wie mit den Samenkörnern: Die bringst du in den Garten und tust sie in die Erde und dann – *passiert gar nix!*
   Von wegen, wir sehen es nur nicht! Da fängt es an zu keimen und zu wuseln, und wenn der Frühling kommt, sprießt alles wie blöd und es wird grün und bunt! So ist das auch mit den Worten von Gott, wenn sie in dein Leben kommen – langsam fängt es an zu keimen, und irgendwann hast du einen schönen Garten da, wo es vorher total öde war, und wenn die Zeit reif ist, kannst du sogar lecker Früchte ernten!

Also, schön geschmeidig sein und bei der Stange bleiben ist angesagt. Das Wichtigste, was Gott testen will, ist: – *VERTRAUST DU IHM WIRKLICH?* –

Hebräer 3,6

Schon damals wollten viele Leute immer Zeichen und Wunder sehen, aber da hat Jesus nur abgewinkt. Er kann zwar ohne Weiteres auch heute noch Wunder tun, will aber, dass du ihm auf jeden Fall vertraust – egal, was passiert!! Dann wird er dich und dein Leben nach und nach verändern. Du merkst es manchmal gar nicht, aber wenn du einen Baum anguckst, siehst du ja auch nicht, dass er ständig weiterwächst …

Manche haut es aber auch glatt vom Sofa, und sie gehen gleich ab wie 'ne Rakete – also er kennt jeden ganz genau und hat mit jedem seinen ganz eigenen Plan!

Aber das ist noch lange nicht alles! Da kommt noch was, das kann nun wirklich keiner sehen (jedenfalls jetzt noch nicht), und das ist noch tausendmal krasser als alles Bisherige!!

Na, da sind wir aber mal gespannt …

Man denkt da meistens nicht viel drüber nach, aber irgendwann ist für jeden mal Ende im Gelände. Man beißt ins Gras, gibt den Löffel ab und guckt sich die Radieschen von unten an! Was danach passiert, weiß man eigentlich nicht so genau. Gott hat ein paar Propheten in Visionen gezeigt, was abgeht, und Jesus hat auch 'n paar Andeutungen gemacht, aber eins ist klar: Wir werden dann vor Gott unserem Vater antanzen und dann wird Tacheles geredet! Es gibt dann genau 2 Möglichkeiten:

Lesen: Römer 14,12/Hebräer 9,27

- 1. Gott legt dir die Abrechnung vor und sagt: „So, jetzt bade das mal schön aus. Weißt du, warum ich voll den Hals habe? Du hast nicht auf meinen Sohn gehört, den hab ich extra bei dir vorbeigeschickt, damit es nicht so dick für dich kommt!"

Lesen: Johannes 16,9

Gute Frage …

Was sagst du dann? „Ja, ööh, also, ich hatte keinen Bock und blablabla …" – wird nur nix nützen!
oder
- 2. Jesus wird zu Gott sagen: „Alles klar, der/die gehört zu mir, ich hab alles bezahlt!" – und das heißt: Eintritt frei in das Land, wo alles cool ist und wo Gott das Sagen hat!

Lesen: Kol. 2,14

Ist doch der Hammer, auf der einen Seite echt nur Gejammer, Zähneklappern und Horrortrip (hat ja wohl keiner Bock drauf) – auf der anderen Seite alles easy und …

Lesen: Mt. 13,41-43

… FETTE PARTY OHNE ENDE!!

Das ist echt krasser als alles, was man sich vorstellen kann. Die Frage ist nur: Glaubst du das? Oder sind deine Zweifel doch stärker und du denkst – die spinnen doch, mit dem Tod ist alles gelaufen!

Aber genau darum geht es ja:

- Hältst du dich selber für schlau und lässt nix gelten, was du dir nicht vorstellen kannst?
- Oder kapierst du, dass es Sachen gibt, wo wir keine Peilung haben, aber da ist Gott, unser Papa im Himmel, der hat alles im Griff und will nur das Beste für uns?!

So wie das aussieht, entscheidet sich hier echt dein Schicksal (meins natürlich auch), und zwar

JETZT, HEUTE UND IMMER!!

Sag mal so, wenn man das zu Ende denkt, dann hört sich die Frage „*Was soll's bringen?*" irgendwie ganz schön bescheuert an. Also, wenn dich jemand fragt, ob du lieber 'nen stinkenden Misthaufen bearbeiten willst oder mit auf 'ne abgefahrene Mega-Party gehst bei 'nem coolen, superreichen Typ, wo's alles gibt und dazu ganz umsonst, da überlegst du auch nicht lange – oder?

Wenn du aber denkst, das mit der Fete kann ja gar nicht sein, ich schippe mal lieber weiter meinen Mist – tja, dann wird das nix mit Party für dich … „Es passiert so, wie du glaubst", hat Jesus mal gesagt, und er weiß, wovon er redet!

Vielleicht kommt dir das ein bisschen merkwürdig vor, wenn ich erst von einem Gott rede, der dich wie verrückt liebt und dich dann doch auf einen Horrortrip schickt, wenn du ihm nicht glaubst. Da passt doch was nicht zusammen, oder? Aber sieh's mal so: Dieser Horrortrip ist nichts anderes als leben ohne Gott. Völlig ohne ihn. Mit anderen Worten: Du wirst deinen Willen kriegen – Party ohne Ende mit Gott oder Gejammer und Zähneklappern ohne ihn. Liegt ganz bei dir.

Ja, so sieht's aus mit Glaube und Zweifel, und es hängt echt 'ne Menge davon ab, was bei uns die Oberhand gewinnt, doch ganz so schlecht sind Zweifel gar nicht!
Wie bitte?
Zweifel können sogar beim Glauben helfen – was soll das denn jetzt heißen?

c) Wie Zweifel helfen

Zweifeln heißt, es gibt zwei Möglichkeiten, zwischen denen man hin- und herschwankt.

Wenn ich daran zweifle, ob ich bei einer Action mitmachen soll oder nicht, dann beschäftigt mich das Thema – **und das ist gut!**

Wenn beispielsweise jemand einfach bei irgend´nem Blödsinn mitmacht (einen Bruch machen, Drogen nehmen oder sonst was), dann muss er auch die Konsequenzen tragen, egal wie! Hast du aber Zweifel, ob du das tun sollst, dann hast du noch die Chance, dich rauszuhalten (auch wenn die anderen lästern).

Das heißt also, dass du beide Möglichkeiten – *ja oder nein* – abcheckst und dich dann für die bessere entscheidest (hoffentlich!). Mag ja sein, dass es dir im Moment cooler erscheint, die Droge jetzt reinzupfeifen, aber später kommst du vielleicht mies drauf, beklaust die Leute, um noch mehr zu besorgen, oder landest gar im Knast oder in der Klapse … (alles schon passiert). Wer also hirnlos einfach loslegt und keine Zweifel kennt, kommt manchmal da an, wo er gar nicht hinwollte!

Wenn du also Zweifel an der Sache mit Jesus hast, dann ist es gut, wenn du dich genauer damit beschäftigst, um rauszufinden, was das Bessere ist.

Also wir stellen hier mal einfach zwei Möglichkeiten nebeneinander, denk mal drüber nach!

Gott hat alles erschaffen, jedes Tier nach seiner Art, und den Menschen hat er ganz besonders ausgestattet.	Es ist alles irgendwie rein zufällig entstanden, aus ´nem Fisch ist ein Vogel geworden, daraus sind dann Affen und später Menschen geworden.
Gott hat alles cool nach seinem Plan organisiert und hat alles im Griff.	Alles ist völlig chaotisch, es gibt keinen Sinn und niemand weiß, was eigentlich läuft.
Satan ist der Gegner Gottes, er will selber die Macht und verführt die Menschen dazu, Mist zu bauen.	Es gibt weder Gott noch Satan, das sind nur Erfindungen der Kirche, um die Leute für dumm zu verkaufen.
Wenn ich mich korrekt verhalte, wird mein Leben gut verlaufen, und ich werde mit gutem Gewissen rumlaufen können.	Es macht keinen Unterschied, ob ich cool bin oder Mist baue, solange ich nicht erwischt werde und keiner was merkt.
Jesus ist der ultimative Bote von Gott. Er ist gekommen, um Dinge zu regeln, die ich selber nicht draufhabe.	Selbst wenn es diesen Jesus gibt, hab ich nix mit ihm zu tun. Ich brauch ja sowieso von niemand Hilfe.
In der Bibel hat Gott aufschreiben lassen, wie er drauf ist, was er sich dabei gedacht hat und was er von uns will.	Die Bibel ist ein altes, uninteressantes Buch, in dem nur alte Omas lesen, weil die sonst nix zu tun haben.
Gott will dich in seine Familie aufnehmen und dich ganz abgefahren segnen, weil er dich wahnsinnig liebt.	Niemand interessiert sich für mich, es geht sowieso alles den Bach runter, und Liebe ist nur was für Schwuchteln.

So könnte man noch lange weitermachen. Wenn du also an etwas zweifelst, dann überleg dir erst mal, wie die Alternative (die andere Möglichkeit) dazu aussieht und ob sie wirklich besser ist! Wenn du dir alles gut überlegt hast, dann **entscheide dich** für eins von beidem und lass dich nicht von irgend'nem Blödmann und scheinbar noch so schlauen Sprüchen sofort wieder rausbringen!

Ja, so können dir deine Zweifel echt helfen, wenn du sie nicht einfach wegwischst und sagst: „Wird schon alles stimmen – wer soll da auch durchblicken …?!?" Jesus will keine Blinden haben, die ihm hinterherrennen, sondern er will uns ja gerade „sehend" machen und Licht in die Ecken bringen, wo es vorher zappenduster war! Er will auch nicht, dass du mit halbem Herzen dabei bist, nur weil das andere auch so machen, sondern er will Leute haben, die straight sind und wissen, woran sie glauben.

Also zu glauben heißt überhaupt nicht, seinen Verstand an der Kasse abzugeben und alles zu schlucken, was einem vorgesetzt wird. Auf die Art ist leider ganz viel Mist in den Kirchen gelaufen, weil einige meinten, dass sie machen können, was sie wollen – die anderen merken sowieso nix, weil sie keine Ahnung haben und sich alles erzählen lassen. Gott will uns zu Menschen machen, die sich nicht von jedem Lüftchen wegblasen lassen und die einen eigenen Glauben haben, der nicht von anderen vorgekaut wurde

Epheser 4,14

Es gibt allerdings auch Sachen in der Bibel, die werden wir erst mit der Zeit raffen. Es ist gut, wenn wir davon ausgehen, dass hier Gott selber zu uns spricht von Dingen, wo wir jetzt noch keine Peilung haben. Er vertut sich nun mal nicht und Irrtum ist ausgeschlossen! So wird unser Glaube langsam weiterwachsen und stabiler werden, und wenn wir auch mit Gott im Kontakt bleiben (durch Lesen in der [Volx-]Bibel und Gebet), dann können wir ihn auch um Hilfe bitten bei den Sachen, die uns schwerfallen zu glauben – wirst sehen, das wirkt!

Und noch was anderes kann gut helfen:
Rede mit anderen (am besten mit Christen) ganz offen über deine Zweifel. Mach dir und anderen bloß nix vor, dann wirst du noch ganz neue Ansichten und Erfahrungen dazu hören. Oder sprich andere auch auf ihre Zweifel an, das kann auch echt weiterhelfen! Also mach bloß keinen faulen Zauber und mach nicht bei irgendwelchem scheinheiligen Getue mit, dann wird das Gott super gefallen, und er wird dich ganz fett segnen.

So weit alles klar?

Volxbibelmäßig voll durchstarten!

Ja, dann kann's ja endlich losgehen: Entweder du kloppst alles in die Tonne und machst weiter wie gehabt – oder du erkennst jetzt deine geniale Chance und wirst zum absoluten

DURCHSTARTER!!

Wie das alles genau geht, ein Christ zu werden und in Gottes Family aufgenommen zu werden, was Jesus alles für dich auf der Pfanne hat und so weiter, das besprechen wir alles im nächsten Teil:

– CHRIST WERDEN UND CHRIST SEIN –

Also jetzt ist auch mal ein **fettes Lob** fällig, denn ich finde das super, wie du hier mitmachst!!
Du wirst aber auch schon gemerkt haben, dass dich dieser Kurs hier echt glaubensmäßig weiterbringen kann, und bist wohl schon eine Ecke schlauer als am Anfang – oder?

Also, dann füll mal den Fragebogen aus und lass noch alle Fragen ab, die dir hier so gekommen sind. Deine Fragen und Kommentare kannst du uns schicken. Ich oder jemand aus dem Team werden dir gerne antworten!!

FRAGEBOGEN ZU THEMA 3

1.) Die besseren Argumente sind meiner Meinung nach –

pro Jesus ⚫ / eher contra Jesus ⚫

2.) Was mir am meisten zu denken gibt, ist:

_____

3.) Wer Zweifel hat –

ist bei Gott unten durch ⚫ / hat eine gute Chance ⚫ / ist doof ⚫

4.) Jesus erwartet vor allem von uns, dass wir:

– viel über ihn reden ⚫

– in der Bibel lesen ⚫

– tun, was er uns sagt ⚫

– immer in die Kirche gehen ⚫

– fromme Sprüche kennen ⚫

– großes Vertrauen in ihn haben ⚫

– coole Leute sind ⚫

– keine Zweifel haben ⚫

– die Bibel auswendig lernen ⚫

5.) Dass es so viel Mist und Elend gibt, –

daran ist Gott schuld ⚫ / haben die Menschen verbockt ⚫

Gott –

wundert sich selber, dass es so gekommen ist ⚫ / hat das schon immer gewusst ⚫

6.) Es gibt eigentlich keinen Ausweg aus dem Schlamassel – stimmt ⦿ / stimmt nicht ⦿

7.) Wir Menschen –

haben alles im Griff ⦿ / brauchen dringend Hilfe von Gott ⦿

8.) Jesus liebt die Leute –

die viel Mist bauen ⦿ / die total fromm sind ⦿ / alle Leute ⦿

9.) Glauben –

ist was für Spezialagenten und Religionsprofis ⦿ / kann eigentlich jeder ⦿ / erbt man von den

Eltern ⦿ / wächst meistens langsam ⦿ / heißt nix wissen ⦿

10.) Wenn man gestorben ist:

– ist alles gelaufen ⦿ / gibt's einen Lebens–Check ⦿ / werden wir Gespenster ⦿

– dann werden wir wiedergeboren: klar ⦿ / kann sein ⦿ / nee ⦿

– dann werden alle zu Engeln im Himmel ⦿ / müssen alle in der Hölle braten ⦿

– ist entscheidend, ob wir – viele gute Sachen gemacht haben ⦿ / zu Jesus gehören ⦿

– kann einem nur noch der Papst helfen ⦿ / treff ich mein Meerschweinchen wieder ⦿

Deine Fragen und Kommentare gehen wie gehabt an

kurs@volxbibel.de

oder 'nen Brief an:

Volxbibel-Verlag
Glaubensführerschein
Postfach 4086
58426 Witten

Das muss ich meine Leute echt noch fragen:

THEMA 4
CHRIST WERDEN – CHRIST SEIN

a) Die wichtigste Entscheidung

Weiter so!

Nachdem wir nun 3 Lektionen lang über Gott, Jesus, die Bibel, Glaube und Zweifel und so weiter gelabert haben, kommen wir nun endlich zur entscheidenden (Haupt-)Sache:

Die Frage ist einfach: **Machst du mit?**

Es kann nicht jeder Zweifel aus dem Weg geräumt werden und alle Fragen beantwortet sein. Sonst würde die Geschichte mit Jesus und Gottes Plan eine ewige Laberstunde für Tee trinkende Quasselheimer werden und nix würde passieren. Also wie sieht's aus?

Als Jesus bei Petrus und den anderen Jungs vorbeikam und die gerade voll mit Fischfangen, den Netzen und ihren Booten beschäftigt waren, hat er auch nicht lange mit denen gelabert, sondern nur gemeint: „Hey, ihr zwei! Mir nach!" Die fingen gar nicht erst das Diskutieren an: „Was soll aus den schönen Booten werden, was werden meine Leute dazu sagen?" oder so was, sondern die haben sofort erkannt: *„Hier ist die Chance meines Lebens, aus meinem alten Ding gut rauszukommen und bei 'ner fetten Sache dabei zu sein!"* Sie haben alles stehen und liegen lassen und sind ab dem Moment mit Jesus losgezogen!

Matthäus 4,18-22

Wenn du also in der letzten Zeit oder gerade jetzt deutlich merkst, dass Jesus auch dich abholen will, dann fackel nicht lange rum und sag: **Ja – yes – okay – ich bin dabei!!**

Sag es Jesus sofort mit deinen eigenen Worten, ganz egal wie – Jesus kennt dich schon lange, und es ist **nur für dich** neu, mit ihm zu reden. Außerdem sieht er direkt in dein Herz und weiß genau, wie es um dich steht – also keine Panik und keine falsche Scheu. Wirf dich vor ihm auf den Boden, knie hin, tanze oder mach, wonach dir zumute ist, nur: **Do it – mach es!!**

Wenn dir nix groß einfällt, du aber gerne zu Jesus kommen willst, kannst du ja auch das kleine Gebet sprechen, das in der Volxbibel fast ganz am Ende abgedruckt ist, egal was – Hauptsache, du meinst es ernst.

Und denk dran:

!!JESUS HAT DIE GANZE ZEIT AUF DICH GEWARTET UND FREUT SICH TOTAL!!

Ab jetzt beginnt dein Weg mit dem größten Helden aller Zeiten und mit seiner Power!

Alles, was nun abgeht, ist erst mal eine Sache zwischen dir und Jesus. Niemand kann dir genau sagen, wie es bei dir ist – seine Kraft und seine Liebe können dich völlig umhauen und high machen. Kann aber auch sein, dass du total traurig wirst über allen Mist, der so gelaufen ist in deinem bisherigen Leben. Nur eins ist jetzt schon klar:

!!Jesus ist jetzt für dich da, und er weicht ab heute nicht mehr von deiner Seite!! Er ist immer da, wenn du ihn brauchst!!

Wenn du das also klar gemacht hast mit ihm und du deinen ganzen alten Mist hinter dir lassen willst, dann ist jetzt das dran, was Jesus und alle seine Leute auch gemacht haben:

!!LASS DICH TAUFEN AUF SEINEN NAMEN (GANZ IM WASSER UNTERTAUCHEN)!!

„Wie, was?? – Ich bin doch schon als Baby mal getauft worden",
wirst du vielleicht sagen. Aber da fehlte das Allerwichtigste:

!!DEIN GLAUBE AN JESUS!!

Das ist krass!

Und woher weiß ich das so genau?? – Weil **kein Baby** eine Peilung
von so was hat, geschweige denn das mit Jesus schon blickt!

Klar, ich weiß schon Bescheid – viele sehen das anders. Und natürlich gibt es auch bei denen, die nur als Baby getauft wurden, jede Menge Leute, die voll auf Jesus abfahren.
   Hier also meine Meinung dazu:
   Wir sollten uns allein nach Gottes Worten in der Bibel richten und nicht nach den überlieferten Traditionen, das bringt nämlich nix, wenn es nicht nach Gottes Plan ist!
   Außerdem haben diese Minis ja sicher noch nix verbockt – und darum geht es nämlich auch bei der Taufe im Wasser:

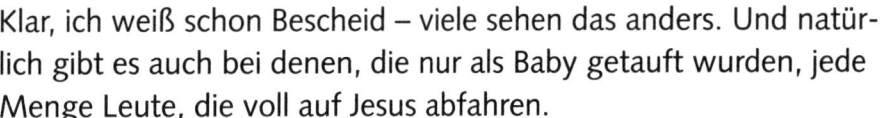

Apostelgeschichte 2, ab Vers 38 und 22,16/Römer 6, ab Vers 3/1. Petrus 3,21

- **Jesus vergibt dir allen Mist.**
- **Der ganze Dreck von deinem bisherigen Leben wird abgewaschen.**
- **Dein altes Leben wird komplett im Wasser begraben.**
- **Es ist der Anfang deines neuen Lebens mit Gott.**
- **Seine Kraft – der Heilige Geist – wird dir geschenkt und wirkt ab nun.**
- **Du gehörst jetzt zu seiner Familie.**
- **Nix und niemand kann dich mehr von ihm trennen.**

Kurz gesagt: !!Das Alte ist vorbei – es beginnt ein neues Leben!!

Leider verpassen ganz viele Menschen diese wunderbare Sache, weil die Tradition und die Kirche das meistens anders machen und alle denken – *die müssen´s ja wissen!* Liest man aber, was Jesus und die Apostel dazu meinen und gemacht haben, merkt man gleich: Das ging da ganz anders ab (nämlich so, wie eben beschrieben). Jesus hat klar angesagt:

„Darum geht jetzt los, überallhin, an alle Ecken der Erde! Bringt alle Leute dazu, so zu leben, wie ich es euch beigebracht habe! Fangt damit an, sie zu taufen! Das soll das Zeichen dafür sein, dass sie jetzt zu Gott gehören, zu unserem Vater, genauso wie zum Sohn und zu seiner besonderen Kraft, dem Heiligen Geist."

Matthäus 28, 19

Da wurden immer nur die Leute getauft, die:

- **von Jesus und der coolen Message gehört haben und …**
- **das auch glauben und Jesus annehmen wollen.**

…und das ist ja nun mal bei den kleinen Windelwicklern nicht möglich und auch nicht nötig. Die sind nämlich sowieso noch ganz bei Gott und unter seinem Schutz und Segen!

Also, wenn du echt klare Sache machen willst, dir dein alter Mist voll leidtut und Jesus ab jetzt die Nummer 1 bei dir ist, dann check sofort ab, wo Leute sind, die das geschnallt haben und schon mit Jesus leben, und lass dich da dann auch taufen (also ganz im Wasser untertauchen). Tu dich mit denen zusammen und lass dich bloß nicht aufhalten!

!!HERZLICH WILLKOMMEN IN DER FAMILIE UND BEI DER FETTEN PARTY MIT GOTT!!

Solltest du echt niemand kennen oder finden, dann melde dich bei mir oder Martin, wir werden das auf jeden Fall abchecken und alles tun, was geht! (Kontakte stehen am Ende von jedem Fragebogen.)

Einiges, was dich nun erwartet und **was sich verändern wird**, steht im nächsten Kapitel!

b) Was ändert sich?

… oder sollte sich ändern, denn das alles passiert ja nicht einfach so, sondern du musst schon deinen Teil dazu tun. Es ist ab jetzt wie in einem Team – du und Jesus arbeiten nun zusammen! Veränderungen kommen meistens auch nicht wie bei einem Zauberspruch von jetzt auf gleich, sondern du wirst nun nach und nach alles in deinem Leben in einem anderen Licht betrachten können. Du wirst dich selber und andere Menschen besser einschätzen, wahrscheinlich wirst du auch gelassener und optimistischer, und eine ganz neue Kraft wird dich antreiben. Das ist diese wunderbare Liebe, die du nun erlebst. Dieses krasse Gefühl kommt, weil du ab jetzt mit dem coolsten Helden eng befreundet bist. Ihr könnt wirklich über alles reden, weil Jesus sowieso schon alles weiß und dir die besten Tipps gibt, um besser klarzukommen.

Und das alles passiert normalerweise auf zwei verschiedene Arten:

Du sagst alles, was dich betrifft und bewegt, direkt deinem neuen Freund. Das kannst du laut oder still in deinen Gedanken tun, man nennt es auch

• BETEN!!

Du wirst dich immer mehr dafür interessieren, was Jesus zu sagen hat und wie
er in bestimmten Situationen handeln würde.
   Und wie kannst du das erfahren? Antwort:

• IN DER (VOLX-)BIBEL LESEN!!

Das sind die beiden Hauptwege, wie du mit Jesus in Verbindung bleiben kannst. Es werden aber auch ungewöhnliche Dinge oder Begegnungen passieren, wo du genau merkst, hier war Jesus am Start und hat das geregelt. Er hat natürlich noch ganz andere Mittel zur Verfügung, mit dir in Kontakt zu bleiben oder, besser gesagt, sich bei dir und in deinem Leben bemerkbar zu machen – wie gesagt, du wirst alles selber herausfinden, es ist euer ganz spezielles Ding!

Aber da gibt es noch was Neues:
   Deine Beziehungen werden sich verändern!

Matthäus 18,21/Lukas 6,36-38

Da du nun einen anderen Blickwinkel bekommst und nicht mehr dich selber als den Mittelpunkt der Welt erlebst, wird sich auch deine Art, mit Menschen umzugehen, verändern. Dir wird klar werden, wie sehr jeder Mensch Jesus braucht, und er wird dir auch den Mut geben, auf Leute zuzugehen und dich nicht mehr auf allen möglichen Hickhack einzulassen.
   Du hast ja jetzt den **Weg ins Paradies** entdeckt, und ich könnte wetten, dass du das auch gerne deinen Freunden, deiner Familie und am liebsten allen Menschen erzählen willst und sie am besten

gleich mitnehmen würdest. Das ist gut, genauso wie immer bei Frischverliebten –
es ist **die erste Liebe**, volle Power, und am liebsten willst du die ganze Welt umarmen! Du wirst
auch einige Menschen „anstecken" können, aber es wird auch etliche geben, die nur die Achseln
zucken und abwinken, ja dir sogar Kontra geben, dich für völlig durchgeknallt halten oder dich
sogar persönlich fertigmachen wollen – lass dich nicht davon beeindrucken, bleib ständig mit Jesus
in Verbindung und rede über alles, was so bei dir abgeht mit ihm, und sei dir darüber im Klaren:

• Jesus hat selber ganz viel Mecker und Ärger gehabt

und das ist bei jedem Christen so – in manchen Ländern werden sie sogar heute noch übelst verfolgt (und sogar gefoltert und gekillt)!

Und das ist das zweite große Thema:

Apostelgeschichte 2, ab Vers 42

Du bist ja nicht der/die Einzige. Jesus hat ganz viele Fans. Er hat schon enorm viele Menschen aus
ihrem Schlamassel rausgeholt und ihnen ein neues Leben ermöglicht. Mit denen solltest du auch
unbedingt in Verbindung kommen, man nennt das die

• Gemeinschaft/Gemeinde von Jesus oder die Familie Gottes

Hier wirst du Leuten begegnen, die genau wie du von Gottes Liebe total angezapft sind. Ihr könnt
euch gegenseitig unterstützen, gemeinsam beten und in der Bibel lesen. Jeder hat eine Begabung,
mit der er der Gemeinschaft weiterhelfen kann – es gibt da Leute, die

- sich bestens in der Bibel auskennen und das auch gut verklickern können
- ganz viel Erfahrung haben und gut zuhören können
- gerne Aktionen starten, um Jesus überall bekannt zu machen
- viel für Leute tun, die echt Hilfe brauchen
- oder sogar mit großer Kraft ausgestattet sind und ungewöhnliche Sachen machen

Feine Sache!

Wenn sie tatsächlich mit Jesus unterwegs und nicht so 'ne Sekte sind
(Vorsicht – gibt's viele!!), dann ist er dort auch wirklich die Nummer 1,
und **sein Wort** gilt mehr als alle Meinungen. Die Leute sind gut drauf, sin-
gen und feiern zusammen und treffen sich besonders am Sonntag, um mit Gott zu reden, ihn an-
zubeten und das Fest mit **Brot und Wein** zu feiern. Das nennt man das „Abendmahl", und das hat
Jesus kurz vor seinem Tod mit seinen Leuten gefeiert. Seitdem machen das die Christen überall auf
der Welt, um sich daran zu erinnern, was Jesus für uns alles auf sich genommen hat, um uns raus-
zuhauen!!

Lukas 22,14-20

Also, diese Gemeinschaft ist sozusagen die **BASIS** oder **BODENSTATION,** durch die Jesus heute auf unserem Planeten wirksam ist. Er will keine Einzelkämpfer, sondern ein Team! Es ist auch das **„Trainingslager",** in dem jeder Christ alles lernen und üben kann, was man für so ein Leben mit Jesus braucht.

Römer 12,4-8

Setz also alles daran, so eine Gemeinde zu finden, und dann mach dort mit – und nicht bloß als Zuschauer, sondern bring dich voll ein!! Es werden nicht immer alle einer Meinung sein, und dir wird vielleicht auch nicht alles oder jeder gefallen, aber die Liebe zu Gott wird euch verbinden, und Jesus ist ja schließlich auch der Boss!

Vielleicht fragst du jetzt: Woran erkenne ich denn, ob es nicht doch eine Sekte ist? Das ist wirklich nicht ganz einfach, die haben da ja nicht draußen auf ´nem Schild stehen:

„VORSICHT SEKTE – BITTE NICHT EINTRETEN!"

Du kannst aber Jesus fragen. Denk immer an alles, was du hier so gelernt hast, und dann informier dich, ob es dort auch wirklich so läuft. Eins ist ein deutliches Zeichen, dass es eine Sekte ist:

Wenn an der Spitze ein Oberchef steht, der haarklein vorschreibt, was jeder zu tun und zu lassen hat, dann ist das nicht das, was Jesus will: **ER IST DER BOSS** und alle anderen sind wie Geschwister!

Matthäus 23, 8

Je mehr du dich in der Bibel auskennst, umso besser blickst du dann auch, ob etwas so läuft, wie es Gottes Plan ist, oder ob dort nur alte Traditionen am Leben gehalten werden. Stell dir die Frage:

BRENNT HIER DAS FEUER DER LIEBE oder WIRD DA NUR ASCHE AUFBEWAHRT?
Laufen hier die Sachen so, wie sie in der Bibel stehen?

… und schon bist du mitten in dem geistigen Kampf, den Jesus angezettelt hat.

c) Geistlicher Kampf und Gebet.

„JEDER, DER NICHT AUF MEINER SEITE IST, KÄMPFT GEGEN MICH."

Matthäus 12,30

Ja, du hast richtig gelesen – so hat Jesus ganz klar gemacht, wie die Sache läuft. Hört sich hart an. Wir hätten es eigentlich gerne nicht so krass gesehen, ist aber genau die Wahrheit! Das Wichtige ist: Es ist ein **geistiger Kampf** – also keine Fäuste, Messer, Pumpguns und so weiter!!

Diese Aktion, die Menschen aus ihrem Sumpf rauszuholen, gefällt nämlich dem nicht, der dafür gesorgt hat, dass sie da reingeraten. Und das ist der Satan, das alte Stinktier! Deshalb versucht der auch alles, um zu verhindern, dass sich jemand zu Jesus hält. Dann hat er nämlich verloren. Genau, dann hat er keine Macht mehr über den und kann ihn nicht mehr dazu anstiften, weiter Mist zu bauen.

Wenn du also jetzt auf der Seite von Jesus stehst, hat diese @tzende Stinkmorchel voll den Hals – kann dir aber nix anhaben. Denn er weiß genau: Er hat keine Chance, denn Jesus steht auf deiner Seite! Weil Satan aber so ein linker Vogel ist, will er dich schön ärgern, verspotten oder versuchen, dich von Jesus wegzulocken. Dazu lässt der sich echt was einfallen und benutzt eben auch die Leute, die nicht zu Jesus gehören – auch wenn die das gar nicht wissen oder merken.

Also keine Bange: Jesus hat dagegen gigamäßig mehr Power! Und wenn der alte Kotzbrocken dich doch mal blöde anmacht, hilft eine Bitte an Jesus, dir zu helfen. Du wirst dich wundern, wie schnell der Sack sich verpieselt und dich in Ruhe lässt! Deswegen solltest du auch nicht dorthin gehen, wo Leute mit Satan rummachen und sich in dunklen Zimmern treffen, um dort seltsame Rituale durchzuziehen oder sonst was. Wenn aber jemand, den du kennst oder der sogar dein/e Freund/in ist, da mitmacht, dann bete für ihn/sie. Bitte Jesus, dass er ihm/ihr da raushilft. Rede ganz offen mit ihm/ihr. Am besten machst du das mit 'nem anderen Christen zusammen – mehr kannst du da nicht tun.

Aber auch in den weniger krassen Fällen, wo jemand einfach über Jesus und Gott voll ablästert, solltest du dich nicht auf großes Palaver einlassen und jeden Stress vermeiden. Mach deinen Standpunkt klar und bete weiter für den Kandidaten, sage ihm/ihr, dass Jesus ihn/sie trotzdem liebt und auf ihn/sie wartet – und dann überlass den Rest Jesus selber.

Und dann sind da noch die Leute, die völlig lasch sind, gar nix davon wissen wollen und denen alles völlig schnuppe ist. Oder auch solche, die voll rumlabern, wie toll sie Jesus finden, aber mit dem Herzen ganz woanders sind und nur 'ne große Klappe haben. Auch für die und alle anderen kannst du beten. Denn das ist deine neue „Wunderwaffe":

Dein Glaube und deine Gebete!

Das hat wirklich schon oft richtige Wunder verursacht, wenn jemand ganz straight zu Jesus und seinem Glauben steht und das auch rüberbringt. Wenn man sich nicht verzettelt und ganz auf Gott vertraut (und dazu noch immer beim Chef für diese Leute ein gutes Wort einlegt), beeindruckt das fast jeden – auch wenn sie es oft nicht zugeben werden.

Und so sollte das auch in der Gemeinschaft der Christen laufen. Füreinander beten und gemeinsam für Jesus überall einstehen – das verändert eine Menge im Leben! Du kannst dabei ganz locker bleiben. Du wirst dich auch selber verändern, und dich wird auf diesem Weg so schnell nix mehr umhauen können – **Jesus ist auf deiner Seite!**

In der Bibel steht ein schönes Bild dafür, was wir von Gott bekommen, um in diesem geistigen Kampf nicht unter die Räder zu kommen, sondern mit Jesus glorreich zu gewinnen. Diese Ausrüstung wird nämlich mit einem Waffenarsenal verglichen – und das wollen wir uns mal genauer anschauen.

Epheser 6, ab Vers 10

- Als Waffengurt könnt ihr **die Wahrheit** Gottes anziehen.
- Die schusssichere Weste ist, dass **Jesus euch bei Gott okay gemacht hat.**
- Die Schuhe sind dafür da, jedem **die gute Nachricht zu erzählen.**
- Das **Vertrauen auf Gott** ist der Schutzschild, an dem die Angriffe alle abprallen.
- Der Helm ist, dass wir **von Jesus gerettet** und damit in Sicherheit sind.
- Als Schwert haben wir **alle Worte von Gott** zur Verfügung.
- Und dann kommt noch ein wichtiger Rat: Hört nie auf zu **beten**, egal wo ihr gerade seid!!

Das ist echt abgefahren: Mit dieser Ausrüstung kann uns überhaupt nichts mehr passieren. Damit können wir immer voll siegreich sein! Und denk daran: Wir kämpfen **nicht gegen** die Menschen (egal wie mies die drauf sind), **sondern für sie!** Wir kämpfen aber voll gegen die unsichtbaren Mächte des Bösen, die linken Bazillen aus einer parallelen Dimension – Wow!

Jetzt schauen wir uns das mal genauer an –

– **Die Wahrheit** ist die „Wunderwaffe" gegen jede Lüge, Heuchelei und allen Betrug (auch den Selbstbetrug). Sie ist zwar nicht immer angenehm, verjagt aber die Dunkelheit!
   „Die Wahrheit wird euch die Möglichkeit geben, wirklich frei zu sein."

Johannes 8,32

– **Jesus hat uns für Gott okay gemacht.** Wenn das so ist, was soll's, wenn uns manche Leute nicht okay finden? Das prallt doch ab wie die Kugeln an 'ner schusssicheren Weste!
   „Wenn Gott für uns ist, wer will dann gegen uns sein?"

Römer 8,31+33

– **Überall die gute Nachricht zu erzählen**, dass Jesus der Mega-Held ist und alles übertrifft, das ist wie Boots anzuhaben, die einen überall durchbringen und nicht müde werden lassen.
„Erzähle jedem von Jesus, egal ob es gerade passend erscheint oder nicht."

2. Timotheus. 4,2

– **Vertrauen in Gott** zu haben ist das beste Mittel gegen jede Anfeindung und Geätze von irgendwelchen Leuten. Das hilft dir auch, Sachen zu akzeptieren, die du noch nicht kapierst!
„Wer sein Vertrauen auf mich setzt und mir glaubt, wird leben."

Hebräer 10,38

– **Dass Jesus uns gerettet hat** und uns aus allem Mist herausholt, ist wie ein optimaler Sturzhelm. Selbst wenn du mal auf die Fresse fliegst, wird dir nichts Schlimmes passieren!
„Jesus heißt ‚Retter', denn er wird seine Leute aus der Falle rausholen, in der sie stecken."

Matthäus 1,21

– **Die Worte von Gott,** die in der Bibel aufgeschrieben sind, sind wie ein Schwert, mit dem wir alle seine Feinde besiegen können, und das kann uns aus jeder Klemme rausholen.
„Jedes Wort von Gott ist schärfer als ein Schwert."

Hebräer 4,12

– **Gebete** sind Gespräche mit Jesus, dem Heiligen Geist (der Kraft von Gott) und dem Papa im Himmel. Der hört dir immer zu, auch wenn sich sonst keiner dafür interessiert, und das kann dich und dein ganzes Leben total verändern!
„Hört nie auf zu beten, egal wo ihr gerade seid. Betet ständig durch seine Kraft."

Epheser 6,18

Das ist doch echt der Hammer – hast du jemals gedacht, dass es so was Abgefahrenes gibt? Jetzt ahnst du langsam, was jemand verpasst, der Jesus in den Wind schießt und von Gott nix wissen will.
– *Wir bekommen da „Waffen" in die Hand, die stärker sind als jeder Panzer!! –*

Viel Spaß beim Fragebogen!

FRAGEBOGEN ZU THEMA 4

1.) Mir scheint, Christ zu sein ist voll langweilig –

genau ⬤ / wohl kaum ⬤ / auf keinen Fall ⬤

2.) Die ganze Sache ist was für Rentner und kann noch warten –

na sicher ⬤ / bloß nicht ⬤

3.) Falls ich da mitmache, ist mein größtes Problem:

_____

4.) Jemand ist ein Christ, wenn –	Ja	Nein
er immer alles richtig macht, um Gott zu gefallen		
er als kleines Baby getauft wurde und ab und zu in die Kirche geht		
er die Bibel auswendig gelernt hat		
er auf Gott vertraut		
seine Eltern auch Christen sind		
er tut, was Gott sagt, und mit Jesus leben will		
er durch Gebete immer mit Gott in Verbindung bleibt		
er diese Fragebogen alle richtig beantwortet		

5.) Was fehlt denn, wenn jemand nur als Baby getauft wurde?

_____

6.) Wenn ich Christ bin, werden alle das toll finden und es auch werden –

klar ⬤ / von wegen ⬤

7.) Als Christ ist man auf sich gestellt und muss alleine klarkommen –

Ja ⬤ / Nee ⬤

8.) Woran kann man eine Sekte erkennen?

_____

9.) Satan ist eigentlich gar nicht so übel –

Genau ⬤ / Von wegen ⬤

Wahrscheinlich gibt es ihn gar nicht –

Ja genau ⬤ / Schön wär's ⬤

10.) Die Sache mit Jesus ist wohl das dickste Ding, was so läuft –

genau ⬤ / ach was ⬤

Wenn du noch was loswerden willst – schreib uns wie gehabt 'ne Mail oder 'nen Brief. Hier noch mal die Adressen:

kurs@volxbibel.de

oder
Volxbibel-Verlag
Glaubensführerschein
Postfach 4086
58426 Witten

Okay – jetzt sind wir eigentlich schon durch. Du weißt nun, wo der Hammer hängt, was es mit Jesus, Gott und Satan auf sich hat, du hast von Gottes Mega–Plan gehört, dass Jesus jeden liebt und aus seinem Mist rausholen will. Wir haben darüber gesprochen, was es mit der Bibel auf sich hat und wie man an dieser Aktion Anteil haben kann. Wie gesagt – du musst selber entscheiden, was du tun willst. Wir würden uns natürlich alle wie blöd freuen, wenn du dich aufrappelst und an Jesus ranschmeißt – das wäre echt toll!!

Wir hängen aber doch noch 'ne Lektion dran. Es geht da um ein paar Infos über verschiedene Religionen. Und wir erklären, was es mit Spiritismus, Esoterik, Aberglauben und so weiter auf sich hat. Dann werfen wir noch einen Blick hinter den Vorhang und reden über den Tod, Engel und was es sonst noch so gibt.

Das muss ich unbedingt noch loswerden:

THEMA 5:
NOCH FRAGEN ?

a) Andere Religionen

Jetzt kommen wir noch zu einem ganz heißen Thema. Viele werden entsetzt sagen:
 Du willst doch wohl nicht behaupten, dass alle anderen Religionen unrecht haben?
Also, das Wort **Religion** bedeutet: „Glaube an eine übernatürliche Macht und deren Verehrung".
An dem Punkt haben wohl alle Religionen irgendwo recht: Die Menschen wussten schon immer,
ahnten, glaubten oder haben erfahren, dass es etwas Großes, Krasses, ja Unfassbares und Heiliges
gibt, das supergenial ist und das man verehren sollte.

Jedes Volk hat sich so seine Vorstellungen vom Unvorstellbaren gemacht und sich dann auch Bilder
und Rituale erschaffen. Zu bestimmten Zeiten hat man sich dann an besonderen Orten getroffen,
um diese Religion zu leben. Man hat diese höheren Wesen um Schutz und Hilfe, Regen oder Sieg
gegen Feinde gebeten und dazu besondere Gesänge oder Tänze aufgeführt oder auch oft Opferri-
tuale gemacht. Bei diesen Völkern hat man auch das Göttliche im Regen, im Wasser, im Feuer und
sonst wo gesehen oder einfach den „Großen Geist" angebetet – diese Art nennt man auch
„Naturreligionen".

Diese Form gab es eigentlich schon immer und gibt es in manchen Teilen der Welt immer noch.
Sie ist je nach Land, Zeit, Volk oder speziellen Bedürfnissen unterschiedlich. Ein Volk, das am Meer
wohnt und vom Fischfang lebt, hat am ehesten den „Gott des Wassers" verehrt und gefürchtet.
Ein Volk der Berge hat sich mehr um den „Gott des Windes" gekümmert. Sie haben dafür auch
spezielle Priester, Schamanen oder Medizinmänner organisiert, die das mit den Geistern und Göt-
tern abchecken.

Dann gab es zu allen Zeiten auch Leute, die ganz besonders helle waren. Die hatten irgendwie
besondere Erlebnisse mit der göttlichen Kraft, Visionen oder auch andere Fähigkeiten (zum Beispiel
konnten die Krankheiten heilen), und deswegen wurden sie von den anderen auch als göttlich
verehrt. Manchmal haben die dann auch richtig Karriere gemacht und sind berühmt geworden.
Manche haben sich gerne anbeten lassen und die vielen Opfergaben und Geschenke eingesackt.
So sind sie zu Ruhm, Ansehen und Reichtum gelangt. Oft haben aber auch ihre Anhänger das alles
gut organisiert, so einen **„Personenkult"** aufgebaut und eine mehr oder weniger erfolgreiche
„Sekte" gegründet.

Gott hat sich das alles angeguckt und sie machen lassen, denn er hatte ja schon seinen Plan, wie
und wann er sich den Menschen zeigen wollte, um klarzumachen, wie er in echt ist. Also, es ist ja
so: Wenn jemand sagt: „Leute, seid friedlich und macht euch nicht gegenseitig kalt", dann stimmt

das natürlich. Das ist wirklich das, was Gott will! Und so gibt es praktisch in allen Religionen auch ganz viel Wahres zu finden. Nur gibt es dann auch immer Sachen, die nicht stimmen und die Gott auch nicht will: Manchmal soll man was Bestimmtes nicht essen, irgendwelche Rituale durchführen oder Opfer bringen, darf nur in eine bestimmte Himmelsrichtung und zu festgelegten Zeiten beten oder so. Und da hört es dann auf, wirklich nach Gottes Geschmack zu laufen!

Leider vermischt sich also in allen Religionen immer Wahrheit mit Irrtum, und das ist einfach total schwer zu unterscheiden. Es gibt sogar jede Menge sogenannter „christlicher" Glaubensrichtungen, wo es genauso läuft. Da wird einer zum Häuptling gewählt und hat das Sagen, oder man macht eine „demokratische" Veranstaltung draus, wo die Meinung der Mehrheit zählt. Das alles widerspricht Gottes Plan.

Lies mal Matthäus 23 zu dem Thema!

Wir können hier echt nicht über alle möglichen Religionen sprechen, die es heute so gibt. Ein paar ganz bekannte sollten wir uns aber doch mal kurz angucken.

Islam

Die zweitgrößte Gruppe auf dem Planeten – nach den Christen – sind die **Muslime.** Sie glauben an **Mohammed** als Propheten **Allahs** (ihr Name für Gott). Ihr heiliges Buch heißt **Koran.**

Also, bei denen ist es so, dass sie auch nur an einen einzigen Gott glauben. Das hat ihnen Mohammed beigebracht, dadurch ist der so populär geworden. Mohammed hat diese Religion aber auch heftig mit dem Schwert verbreitet und friedliche Völker unterworfen.

Das Interessante ist, dass sie auch Jesus kennen und für einen Propheten halten. Sie flippen aber total aus, wenn man sagt, er ist der Sohn von Gott – das ist für sie Gotteslästerung, da sie nix vom Heiligen Geist wissen und denken, man behaupte damit, Gott habe mit Maria geschlafen! Was krass ist: Sie glauben auch nicht, dass Jesus am Kreuz gestorben ist, denn Allah würde doch nie seinen Propheten so im Stich lassen …

Im Koran steht übrigens auch drin, dass Jesus sagt: **„Ich mache dich heil"** – der Hammer, oder? Und es werden Allah 99 Eigenschaften zugesprochen, **die Liebe** ist aber nicht dabei!

Weil Mohammed meinte, man solle gegen die Ungläubigen kämpfen, gibt es auch so viele radikale **Fundamentalisten,** die alles niedermetzeln und in die Luft jagen wollen.

Buddhismus

Sehr populär ist auch der Buddhismus und andere asiatische Religionen wie **Hinduismus** und was es da sonst noch alles gibt. Die sind besonders durch den Dalai Lama und die **Hippiebewegung** in den 80er-Jahren in Europa bekannt geworden. Da haben die jungen Leute gemerkt, dass in vielen christlichen Kirchen tote Hose ist, und den **„Sinn des Lebens"** bei irgendeinem **Guru** (Meister) gesucht, der angeblich weiß, wo es längs geht.

Klar gibt es auch hier ganz viel Wahrheit. Diese Religionen sind meistens besonders friedlich. Manche Buddhisten kehren sogar den Boden, wenn sie rumlaufen, damit sie nur ja keine Ameise plattmachen, das könnte nämlich ihr Opa sein! Ja, die glauben echt, dass jemand wieder neu geboren wird, wenn er gestorben ist. Je nachdem, wie brav er war, darf er ins **„Nichts"** (Nirwana) oder wird zur Strafe als Eule, Pottwal oder Regenwurm wiedergeboren …

Der Hit ist: Bei den Buddhis gibt es gar keinen Gott und bei den Hindus Tausende Götter!

Judentum

Wir sollten vielleicht noch einen Blick auf die **Juden** werfen.

Also, das Volk Israel (das sind die Juden) hatte Gott schon lange ausgeguckt, weil Abraham (der Stammvater) so obercool war und fest auf Gott vertraut hatte. Gott hatte ihm versprochen, dass der Erlöser der Welt aus seinem Volk kommen würde!

Da die nun auf einen megamäßigen Auftritt dieses Erlösers gewartet haben – so mit totalem Getöse und Königsthron und so weiter –, haben es die meisten von ihnen glatt verpasst. Sie haben nicht mitgekriegt, dass dieser arme Wanderprediger aus Nazareth, der nix groß hatte und auf einem Esel nach Jerusalem geritten kam, dieser Erlöser war. Er wurde sogar als Gotteslästerer hingerichtet. Denn dass dieser Jesus tatsächlich der erwartete Erlöser der Menschheit ist, das konnten sich die meisten echt nicht reinziehen! Allerdings darf man eins nicht vergessen: Die ersten Christen waren alle Juden, genauso wie Jesus selbst. Und die Bibel der Juden, das Alte Testament, gehört bis heute zur Bibel der Christen dazu, weil Gott dadurch gesprochen hat. Viele Geschichten und Gebete, die den Christen heute wichtig sind, findet man im Alten Testament, der Bibel der Juden. Und die meisten Bücher des Neuen Testaments (also genau die, die auch zur Volxbibel gehören) wurden von Juden geschrieben.

Also eins muss ganz klar sein: Wir sollten uns echt nicht über den Glauben von anderen lustig machen und uns immer bewusst bleiben: **Jesus liebt jeden und will jeden Menschen von jedem Irrtum frei machen!** Wir sollten vielmehr total dankbar sein, wenn wir diesen Jesus als unseren Retter erkannt haben und dadurch, dass wir auf ihn hören und ihm glauben, auf dem richtigen Weg sind!

b) Spiritismus und Esoterik

So 'n Mist!

Also, jetzt kommt noch was ganz Abgefahrenes und eine moderne Seuche:

Da die Menschen oft nicht auf Jesus hören wollen, weil die christlichen Kirchen das einfach nicht rüberbringen, völlig verkrampft sind oder einfach nicht selber tun, was sie da so predigen, rennen die Leute massenhaft zu aufregenderen Dingen wie Spiritismus und Esoterik. Einige werden auch abergläubisch und gehen am Freitag dem 13. nicht mehr aus dem Haus, lesen Horoskope, um sich Rat zu holen, oder gehen zu Wahrsagern, Geistheilern oder gleich zu den Satanisten, weil sie denken, Satan hat wenigstens echte Power!

Da wird dann mit Steinen gesprochen oder nach Ufos Ausschau gehalten, die uns aus dem Elend rausholen sollen. Oder es werden persönliche Horoskope erstellt, weil die Leute wissen wollen, was sie erwartet. Andere erfahren hier, welchem Tier sie am ähnlichsten sind, oder eine Frau lässt sich die Karten legen, um zu erfahren, ob der Mann, den sie geheiratet hat, eigentlich zu ihr passt oder doch nur ein Penner ist.

Es gibt da Berater, die einem sagen können, wo der Schrank am besten steht, damit da keine bösen Geister drin wohnen. Oder ob eine Wasserader unter dem Bett durchläuft und man sich da nicht schlafen legen sollte, oder ob du reich und glücklich wirst. So was sehen sie zum Beispiel in deiner Hand oder in der Kaffeetasse …

Das könnte alles echt lustig sein, wenn es die Leute nicht so ängstlich und abhängig machen würde. Dabei ist das alles totaler Mist, der nur die Berater und Kartenleger reich macht, sonst niemanden!

Auf riesigen Esoterikmessen kann man sich über die neuesten Trends informieren, einen tollen Happymat kaufen, der schlechte Energie in gute umwandeln kann, oder ein Fläschchen Wasser für teuer Geld, in das irgendein Wunderdoktor mal seinen linken Zeh reingehalten hat und das jetzt alle Krankheiten heilen kann. Und da gibt es noch tausend weitere Beispiele. Schwachsinn ohne Ende, nur gibt es eben genug Leute, die darauf reinfallen, das ernst nehmen und viel Geld dafür ausgeben.

Also, die Leute wollen einfach jeden Schwachsinn glauben, weil sie die Wahrheit, dass Jesus uns frei macht, eben nicht glauben wollen!

Römer 1,21-23

Dabei ist es tatsächlich so, dass einige dieser Leute manchmal sogar von „Bruder Jesus" oder so faseln und behaupten, er hätte selber genau so was gemacht. Fakt ist aber, dass Gott solche Sachen echt nicht so geil findet und diese Leute sich in so lächerliche Dinge verstrickt haben, weil sie die einfache Wahrheit und den Worten von Gott nicht glauben wollen.
Hier gilt aber genau wie bei den vielen Religionen, dass Jesus auch diese Menschen von ihrem

Aberglauben befreien möchte und das auch tut, wenn sie sich nur an ihn wenden und die Finger von diesem ganzen Schwachsinn lassen würden.

Jesus kann zwar solchen Spackenkram überhaupt nicht ab, liebt aber die Menschen, die das machen, trotzdem!

Wir sollten da echt überhaupt nicht mitmachen. Wenn wir jemanden kennen, der mit so was anfängt, müssen wir alles tun, damit ihm klar wird, was für ein Schrott das alles ist und wie viel Jesus im Gegensatz dazu wirklich draufhat.

Ja, solche Kulte und Irrglauben gibt es schon ganz lange. Sie sind keine Erfindung unserer Zeit. Immer wenn die Menschen den richtigen Weg verlassen, nehmen solche Sachen überhand, und die Stunde der Zauberer, Betrüger und Abzocker ist gekommen.

Das größte Übel ist aber, wenn Menschen sich direkt an Satan und seine Dämonen wenden, um bestimmte Ziele zu erreichen. Wenn sie die Menschen so in ihren Bann ziehen, sollten wir darüber doch noch etwas genauer reden, weil auch das heute wieder richtig „in" ist. Also bei dem ganzen Esoterik-Kram ist es ja schon übel, wie abhängig die Leute davon werden. Beim Spiritismus und Satanismus wird es aber noch 'ne Ecke krasser. Satan ist nämlich ein ganz gewiefter Hund und arbeitet mit allen Tricks, um die Menschen in seinen Bann zu ziehen. Er hat auch einen Trupp Dämonen am Start, die ihm dabei helfen.

Du denkst jetzt vielleicht: „Huch, Satan? Jetzt spinnen die aber wirklich ab!" Doch, den gibt es wirklich, und der wird auch in der Bibel oft erwähnt. Satan ist eigentlich schon lange voll der Loser. Jesus hat ihm gezeigt, wo der Hammer hängt, das sagt die ganze Bibel. Trotzdem versucht der immer wieder, die Menschen zu verwirren und reinzulegen.

Er hat zwei Tricks auf Lager: Entweder lässt er einen Menschen glauben, es gäbe ihn gar nicht, oder er versucht es so hinzudrehen, dass die Leute ihn voll interessant finden und neugierig sind, was er so drauf hat. Es fängt zum Beispiel schon mit der Musik an. Da wird über Mord und Blut, Teufel und Hölle gesungen und alle flippen aus: „Cool – supergeil – starker Sound", und was nicht noch alles. Die „Spaßgesellschaft" kennt keine Grenzen mehr und merkt gar nicht, dass es schon lange nicht mehr lustig zugeht, sondern Hass und Sinnlosigkeit das Leben langsam zerstören. Drogen und Gruppenzwang erledigen den Rest, und schon kommt man nicht mehr raus.

Da trifft man sich in dunklen Zimmern oder nachts auf dem Friedhof, ruft die Geister von Verstorbenen oder Satan selbst und verehrt alte Rituale, Schriftzeichen und Symbole. Solche Leute merken oft gar nicht mehr, wie sie immer @tzender draufkommen, und freuen sich noch, wenn andere es mit der Angst zu tun bekommen und entsetzt abhauen.

Ja, die Angst ist ein Hauptmittel, mit dem Satan seine Leute bei der Stange hält und seine Macht ausübt. Wer sich einmal auf ihn eingelassen hat, den lässt er so schnell nicht los.

Der alte Schleimscheißer hat aber noch ganz andere Tricks auf Lager, um die Menschen vom rechten Weg, der Wahrheit, dem Licht und der Liebe abzubringen, und das kann man nicht so leicht erkennen: Der Sauhund ist nämlich ein Meister der Tarnung!

Sogar wie ein Engel oder Heiliger kommt er daher und erzählt, Gott hätte jetzt dies und das gesagt und man solle nur auf ihn hören und mit ihm mitkommen. Aber es geht noch anders: Da will dich beispielsweise ein guter Freund überreden, bei irgendeiner Sache mitzumachen, die du eigentlich gar nicht willst, und droht dir mit irgendwas. Und schon gibst du nach und hängst mit drin. Oder jemand bietet dir viel Geld an, um ihm einen „Gefallen" zu tun. Aber du weißt, es ist illegal, und du musst lügen und sonst was tun, damit keiner was merkt. So verstrickt man sich immer mehr in diese Netze und wird plötzlich ein Angestellter von der Firma „Mr. S", oft ohne es zu merken.

Um da wieder rauszukommen, muss man meistens erst bis ganz unten absacken, wo man im Knast sitzt oder Selbstmordgedanken hat oder sonst wie am Ende ist. Dann, wenn es echt keinen Ausweg mehr zu geben scheint, erkennt mancher doch die Rettung bei Jesus, bekommt wieder neuen Mut und schmeißt sich an ihn ran, weil sonst eh nix mehr hilft. Jesus hat natürlich viel mehr Macht. Er hat den stinkenden Penner schon längst besiegt, und der weiß das auch und muss jeden loslassen, der zu Jesus rennt, aber auch nur dann!

Also Augen auf und aufgepasst! Damit man diesen Horrortrip gar nicht erst durchmachen muss, hält man sich am besten gleich zu dem, der die Power hat und nur das Gute will, zu Jesus!! Wenn du also dies und das so hörst, aber aus der (Volx-)Bibel schon weißt, was Gott wirklich gesagt hat, dann kann dir auch so schnell nix passieren, und alle Attacken werden dir nix schaden.

Ja, und das ist es auch, warum wir hier so einen Bohei machen und jedem echt nur raten:

NIMM JESUS HEUTE NOCH IN DEIN LEBEN REIN UND LASS DICH VON IHM RETTEN!

Und zwar am besten schon, bevor du völlig am Absaufen bist. Setz dein Vertrauen ganz auf den, der wirklich Vertrauen verdient hat, bei dem alles möglich ist und der dich **TOTAL LIEBT!!**

So, jetzt werfen wir noch einen kurzen Blick in diese parallele Welt, wo Engel und Dämonen zugange sind, nur damit du Bescheid weißt, was da so geht.

c) Leben nach dem Tod, Engel und Dämonen

Wow!

Ja, es ist tatsächlich so, dass es eine Welt gibt, die parallel zu der uns bekannten abläuft, und das ist die „geistige Welt" (im Gegensatz zur „materiellen Welt", in der wir leben). Beide sind eng miteinander verbunden, nur merken wir da meistens nicht viel von, da wir so sehr mit den materiellen Sachen beschäftigt sind. Doch wer etwas Übung hat, der kann alles, was so läuft, auch in seiner geistigen Dimension verstehen.

Gott, Jesus, die Engel und Dämonen (das waren auch mal Engel, die sind aber zu Dienern des Satans geworden) sind alle Wesen aus dieser anderen, geistigen Welt. Aber auch wir selber leben zu einem guten Teil dort, denn unsere Gedanken zum Beispiel sind überhaupt nicht materiell. Sie werden es erst, wenn wir sie aussprechen (das ist die Vorstufe) und dann das tun, was wir uns vorher so gedacht haben. Deshalb sind Gedanken so total wichtig und entscheidend für unser Leben, denn so, wie wir denken, werden wir auch reden und handeln.

Wenn also jemand denkt, dass der andere ein Sackgesicht ist, wird er kaum freundlich mit ihm reden und ihm am Ende vielleicht sogar in die Fresse hauen. Wenn wir aber denken, der ist nur 'ne arme Sau, der verarscht wurde, dann haben wir Mitleid und wollen ihm helfen.

Wenn wir also zu Gott beten und ihn um Hilfe bitten, dann schickt er uns auch Engel, die uns weiterhelfen und uns vor üblen Sachen bewahren können. Wenn wir aber schlecht drauf sind und haufenweise Schrott labern, dann könnten wir gleich irgendwelche Dämonen am Ohr haben, die uns nur noch tiefer reinreiten. Jesus hat das alles genau erklärt und uns gewarnt, keine schlechten Gedanken zuzulassen und gut auf unsere Worte zu achten!

Matthäus 12,36-37

Und der Tod ist auch nicht das Ende, sondern Geist und Seele eines Menschen leben weiter. Es gibt da 'ne schöne Story in der Bibel, wo ein reicher Sack abkratzt, der sich um nix gekümmert hat, dann aber erkennen muss, dass der Bettler, der immer bei ihm vor der Tür rumgelungert ist, bei Gott gelandet ist und er selber Höllenqualen leiden muss. Nun bittet er Abraham, dass er wenigstens jemanden schickt, um seine Brüder zu warnen, damit ihnen nicht das Gleiche passiert. Der meint aber nur: Wenn die auf alle Propheten nicht gehört haben, dann werden sie es auch nicht rallen, wenn einer von den Toten aufersteht.

Luk. 16,28

Also, das ganze Ding mit Gott und dem Glauben, den Sachen, die Jesus getan hat und gesagt hat, sind echt kein Witz oder eine Freizeitbeschäftigung. Es ist entscheidend für unser Leben hier und auch für das Leben danach, wenn wir abgenippelt sind, in der anderen Dimension! Wer also meint, er könnte das alles in die Tonne kloppen und einfach so rummachen, der wird sein blaues Wunder erleben und sich dann wünschen, er wäre nicht so bescheuert gewesen.

Jesus hat das tausendmal gesagt. Es entscheidet sich alles hier in unserem Leben. Es hängt von unserem Glauben ab, was aus uns wird: Wer Mist baut und sich um nix kümmert, wird dafür bezahlen müssen. Er kann sich nicht mehr rausreden. Ja selbst wer eigentlich ein korrektes Leben lebt, aber von Jesus nix wissen will und ohne ihn unterwegs ist, kommt bei Gott nicht gut an! Wer Mist gebaut hat, es aber dann bereut und sich an Jesus ranschmeißt, dem kann alles vergeben werden, wirklich alles. Er bekommt 'ne neue Chance, und Jesus bezahlt die Zeche.

So liegen die Dinge nun mal, ob wir es wollen oder nicht! Gott hat sich aus dem Himmel zu uns runtergebeamt, damit wir das endlich schnallen. Wenn wir das aber absolut nicht wollen, dann lässt er uns machen – die Konsequenzen sind aber klar.

Tja, Leute, jetzt sind wir eigentlich durch mit dieser ganzen Sache. Also wer es jetzt noch nicht geschnallt hat, dem kann wohl nur noch ein Wunder helfen … und selbst das ist möglich!

Hier kommen noch mal die wichtigsten Punkte im Schnelldurchlauf:

- **Gott hat alles gemacht, was es gibt. Er ist absolut heilig und die Nr. 1.**
- **Jesus ist der Boss, er ist Gott in Person und hat alle Power, die es gibt.**
- **Der Heilige Geist ist Gottes Kraft in Aktion, um uns weiterzuhelfen.**
- **In der Bibel steht alles, was wichtig ist, um Gott und Jesus zu verstehen.**
- **Gott hat den ultimativen Plan, und den hat er uns in der Bibel genau verklickert.**
- **Er liebt uns, wie wir sind, und hat schon alles für uns vorbereitet.**
- **Wir müssen uns entscheiden, ob wir ihm glauben oder nicht.**
- **Wenn wir weitermachen wie immer, haben wir die Chance verpasst.**
- **Mit Jesus können wir ein ganz neues Leben anfangen.**
- **Wenn wir für ihn sind, kann er uns und unser ganzes Leben verändern.**
- **Wir können in der Taufe unseren ganzen alten Mist abwaschen lassen.**
- **Wir gehören dann zur Familie von Gott.**
- **Diese Familie trifft sich, um Gott zu verehren und Jesus zu danken.**
- **Durch Gebete können wir ihm alles sagen und mit ihm in Verbindung bleiben.**
- **In der Bibel können wir täglich lesen, was Gott zu sagen hat.**
- **Je mehr wir lernen und Gott erleben, umso fester wird unser Glaube.**
- **Keine Macht ist stärker und nix kann uns wieder von ihm wegreißen.**
- **Wenn unser Leben hier vorbei ist, geht es dann in Gottes Land weiter.**

So sieht das aus. Ich habe mir das alles auch nicht selber ausgedacht, sondern habe genau wie du und jeder andere auch davon gehört und mich entschieden, Jesus zu vertrauen, und das dann Schritt für Schritt gelernt. Jetzt lebe ich schon 25 Jahre mit ihm (bin also schon ein „alter Sack"!) und sage:

**!!! Es gibt nichts Abgefahreneres,
als mit Jesus zu leben !!!**

Also Superextralob dafür, dass du durchgehalten hast! Vielleicht bleiben wir in Verbindung. Gleich kommt noch ein letzter Fragebogen, und wenn du mir dann noch deine Fragen und Kommentare schickst, bekommst du von uns den ultimativen megacoolen volxbibelmäßigen **Glaubensführerschein** mit deinem Namen drin zum An-die-Wand-Nageln!

Tschüss und fetten **SEGEN**
Dein Bernd und Martin

FRAGEBOGEN ZU THEMA 5

1.) In anderen Religionen wird nur Unsinn erzählt –

genau ⬤ / nee, da ist auch Wahres dran ⬤

2.) Auch bei anderen gibt es jemanden wie Jesus –

klaro ⬤ / nee, der ist einmalig ⬤

3.) Es ist doch egal, was man glaubt – Hauptsache, man ist gut drauf –

yes ⬤ / von wegen ⬤

4.) Wenn wir sterben,
– ist eh alles gelaufen
aber ja ⬤ / glaub schon ⬤ / auf keinen Fall ⬤

– können wir uns immer noch um Gott kümmern
wird schon gehen ⬤ / nee, zu spät ⬤

– wird alles gecheckt, was wir so gemacht haben
ja genau ⬤ / nee, interessiert keinen ⬤

– wird es uns nur gut gehen, wenn wir zu Jesus gehören –
ja genau ⬤ / ach was ⬤ /

– werden wir als Heilige oder als Schildkröte wiedergeboren
kann schon sein ⬤ / so'n Quark ⬤

	Ja	Nein
5.) Satan ist –		
eine Erfindung der Kirche, um uns Angst zu machen		
ein übler Bursche, der uns ans Leder will		
eigentlich cool und sehr interessant		
der Gegner von Gottes Plan zur Rettung aller Menschen		
6.) Gott ist es egal, wenn wir zu Wahrsagern und Kartenlegern gehen –		
7.) Wer sich mit Esoterik und so abgibt, ist nicht mehr zu retten –		
8.) Engel und Dämonen können einen Einfluss auf unser Leben haben –		

9.) Die ganze Sache mit Jesus ist doch nur was für Weicheier und Leute, die nicht selber wissen, wo es langgeht –

genau ◉ / von wegen ◉ / mir doch egal ◉

10.) Jesus ist der krasse Typ, der von Gott hier auf die Erde gekommen ist, um alles für uns wieder gerade zu biegen, der uns die Chance für einen Neustart geben kann und uns dann nicht mehr aus den Augen lässt, damit wir durchhalten, ein korrektes Leben haben können und am Ende als Sieger in die ewigen Jagdgründe bei Gott kommen dürfen –

Ich kann den Blödsinn nicht mehr hören, lass mich bloß damit in Ruhe und leck mich ◉ /

Erst mal abwarten – ich will mich jetzt noch nicht entscheiden ◉

!!JA – AMEN UND HALLELUJA!! ◉

Zum letzten Mal kannst du nun deine Fragen und Kommentare loswerden. Besonders interessiert uns natürlich, was dir dieser Kurs gebracht hat und ob sich in deinem Leben was verändert hat. Wenn du den ultimativen Glaubensführerschein haben willst, schreib das dazu. Und klar, deine Adresse solltest du nicht vergessen, damit das Teil auch bei dir zu Hause ankommt. So kannst du uns erreichen:

kurs@volxbibel.de

oder 'nen Brief an:

Volxbibel-Verlag
Glaubensführerschein
Postfach 4086
58426 Witten

Letzte Notiz-Mach-Möglichkeit :-)

Anhang

Wie du die Bibelstellen finden kannst :

In unserem Text sind immer wieder Bibelstellen genannt, die zu dem Thema passen.
Du solltest sie dir unbedingt auch reinziehen!!

Als Erstes steht da immer, welcher Teil der Volxbibel gemeint ist. Die Bibel ist ja eigentlich eine ganze Sammlung von Schriften und Briefen. Manche sind nach ihrem Schreiber benannt, zum Beispiel: **Die Geschichte von Jesus, wie Matthäus sie aufgeschrieben hat** – wir schreiben dann hier immer nur „Matthäus".

Manchmal kann man aus dem Namen erfahren, wer das für wen geschrieben hat, zum Beispiel: **Der Brief von Paulus an die Christen, die in Rom leben** – hier steht dann nur „Römer".
In anderen Fällen sagt der Name etwas darüber aus, worum es eigentlich geht, so bei:
Die Geschichte von den Aposteln – hier und in anderen Bibeln steht dann „Apostelgeschichte".
Nehmen wir mal ein Beispiel:

Das erste Kapitel, das du in der Volxbibel findest, heißt hier einfach **Matthäus**.

Danach die erste Zahl bezeichnet das Kapitel, also **Matthäus 1**, **Matthäus 2** und so weiter.

Die anderen Zahlen nach dem Komma bezeichnen den einzelnen **Vers**, der gemeint ist. Ein Vers ist meistens ein einzelner Satz, kann aber auch etwas mehr oder weniger davon sein.
Also **Matthäus 1,1** ist der allererste Vers in der Volxbibel, **Matthäus 1,2** ist der zweite und so ist dann die ganze Bibel durchnummeriert.

Matthäus 6,33 ist dann also der **Vers Nummer 33** in **Kapitel 6** von „Die Geschichte von Jesus, wie Matthäus sie aufgeschrieben hat" – und dort steht:
„Euer Ziel sollte sein, dass Gott immer die Nummer eins in eurem Leben ist. Und macht seine Sache zu eurer Sache, dann wird er euch auch alles andere geben, was ihr so braucht."

Alles klar ?!

Am Anfang der Volxbibel findest du auch eine Übersicht aller Kapitel.
Das sind jetzt die Abkürzungen, die in vielen anderen Bibeln oder Büchern über die Bibel vorkommen:

Mt. = Die Geschichte von Jesus, wie Matthäus sie aufgeschrieben hat
Mk. = Gute Nachrichten durch Jesus Christus; ein Bericht von Markus
Lk. = Die Geschichte von Jesus, so wie sie Lukas in Erinnerung hatte
Joh. = Die Geschichte von Jesus, so wie Johannes sie aufgeschrieben hat

Diese vier Teile nennt man auch die „Evangelien" (das heißt „gute Nachrichten"), und sie sind die **Lebensberichte über Jesus.** Geschrieben haben sie vier Leute, die ihn gut gekannt haben (Apostel).

Apostelgeschichte = Die Geschichte von den Aposteln
Das ist die Story von den 12 Aposteln. Da wird erzählt, was Krasses gelaufen ist, nachdem Jesus auferstanden war.

Dann kommen ein Haufen interessanter Briefe an verschiedene Gemeinden:

Röm. = Ein Brief von Paulus an die Christen, die in Rom leben
1. Kor. = Der erste Brief an die Christen aus Korinth
2. Kor. = Der zweite Brief, den Paulus an die Christen in Korinth schrieb
Gal. = Brief an die Christen, die in Galatien wohnen
Eph. = Der Epheserbrief
Phil. = Ein Brief an die Christen, die in Philippi wohnen
Kol. = Ein Brief an die Christen, die in Kolossä wohnen
1. Thess. = Der erste Brief von Paulus an die Thessalonicher
2. Thess. = Der zweite Brief an die Christen in Thessalonich
1. Tim. = Der erste Brief an Timotheus
2. Tim. = Der zweite Brief von Paulus an Timotheus
Tit. = Ein Brief an Titus
Phlm. = Eine E-Mail an Philemon
1. Petr. = Der erste Brief von Petrus
2. Petr. = Der zweite Brief von Petrus
1. Joh. = Der erste Brief von Johannes
2. Joh. = Der zweite Brief von Johannes
3. Joh. = Der dritte Brief von Johannes
Hebr. = Ein Brief an die Hebräer
Jak. = Der Brief von Jakobus
Jud. = Judas

Abspeichern!

Und am Schluss kommt noch eine abgefahrene Geschichte (wird auch Offenbarung genannt):

Off. = Johannes hat eine große Vision

Nachwort und Danksagung

Vor vielen Jahren habe ich selber mal einen sehr intensiven Bibelkurs gemacht, nachdem ich schon 10 Jahre lang Christ war und ebenso lange die Bibel gelesen hatte. Was ich dort alles gelernt habe, hat mich bis heute begleitet und mir viele Grundlagen gegeben für ein gutes Verständnis der Bibel. Es ist mir da völlig klar geworden, dass Bibellesen allein nicht ausreicht – um die ganzen Zusammenhänge zu verstehen, braucht jeder Anleitung und Erklärungen. Wir haben das schöne Beispiel von dem Typ aus Äthiopien, der offen bekannte: „Wie soll ich das alles verstehen, wenn es mir keiner verklickert?" (Apostelgeschichte 8,31 – frei übersetzt), das ich ja hier auch als Motto für diesen Glaubensführerschein genommen habe.

Die einzelnen Kapitel zu dem Kurs sind mir so aus den „Fingern geflossen" und ich habe hinterher auch kaum noch was verändert. Echt gefreut hab ich mich dann, dass auch Martin (der das Ding als Erster durchgecheckt hat) kaum was zu meckern hatte und nur ein paar coole Verbesserungen angebracht hat. Richtig von den Socken war ich aber, als auch der Lektor vom Verlag (immerhin ein theologisch sehr fitter Mann) nix groß rumgenöselt hat! Über die paar Punkte, die er angesprochen hat, sind wir uns schnell einig geworden – also ein echter „Durchmarsch" – genial!

Seit das Ding nun verfasst wurde, ist bald ein Jahr ins Land gegangen, und ich habe mit vielen Leuten (auch aus dem Volxbibel-Wiki) Gespräche und Diskussionen gehabt – auch über die hier behandelten Themen – und immer wieder festgestellt, wie unterschiedlich die Ansichten und Positionen sein können, jeder engagierte Christ weiß das!

   Dazu noch haben mich manche Gespräche natürlich auch selber weitergebracht und über verschiedene Themen neu nachdenken lassen …

Also was ich damit sagen will:
Dieser Kurs erhebt gar nicht den Anspruch, der Weisheit letztes Wort zu sein – es geht hier darum klar zu machen …

… dass Jesus das letzte Wort hat!!!

Zu Danken hab ich also zuerst mal Gott selber, der mich durch seinen Sohn aus meinem ganzen Sumpf rausgeholt und mich zu dieser Arbeit hier inspiriert hat!

Es gibt natürlich auch Menschen, die an diesem Projekt beteiligt waren, direkt oder manchmal auch ohne es zu wissen …

Drei Leute müssen hier aber extra erwähnt werden:
Ronald – durch dich hab ich Jesus getroffen.
Gottfried – durch dich hab ich Verständnis für die Bibel und die Taufe bekommen.
Martin – stark, dass wir uns begegnet sind und ohne Volxbibel kein Volxbibelkurs.

Danke – Gott segne euch alle !

Bento
Santa Clara/Portugal im August 2007